U0572373

一　新疆阿勒
泰地区岩刻

二　新疆呼图
壁县康家石门
子岩刻

三　西藏当雄县纳木错湖扎西岛崖壁画

四　云南沧源县崖壁画

五　广西宁明县花山崖壁画

六　福建华安县仙字潭岩刻

七　江苏连云港市将军崖岩刻

20世纪中国文物考古发现与研究丛书

序 / 张文彬

俗称"锄头考古学"的田野考古学的诞生以及中国考古学学科体系的基本完善，由此而引起的古物鉴玩观赏著录向科学的文物学的转变，是20世纪中国学术与文化界的大事。它从材料与方法两个方面彻底刷新了持续了数千年之久的中国古代史学传统，不但为中国学术界和文化界开拓出更加广阔的研究天地，也为一切关心中华民族悠久历史和灿烂文明的人们不断地提供了可贵的精神滋养和力量源泉。

仰古、述古、探古，进而考古，向来为我国传统文化中一个明显的学术特点。先秦时期诸子百家发其端，汉代司马迁撰写《史记》，北魏郦道元作注《水经》。他们对相关的遗迹遗物，尽可能地做到亲自考察和调查，既能辨史又可补史。这种寻根追源的治学态度，为后世学术上的探古、考古树立了榜样。此后，山河间的访古和书斋式的究古相继开展，特别是对古器物的研究，成了唐、宋时期的文化时尚。不少学者热衷于青铜铭文、碑刻、陶文、印章等古文字的考释，进而有了对器物的辨伪鉴定、时代判断、分类命名等，逐渐兴起了一门新的学问——金石学，涌现出许多著名的古器物鉴赏家和收藏家。只是囿于当时的历史条件，金石学家们无法了解所见文物的出土地点和情况，也难以涉及史前时代漫长的演进历程，因而长期以来始终脱离不了考证文字和证经补史的窠臼。即使如此，他们的艰辛努力和取得的成绩，还是为推动我国传统文化的发展起到了积极作用，并且在事实上也为中国考古学和中国文物学的起步铺设了最早的一段道路。

20世纪初，近代考古学由西方传入。中国学者继承金石学的研究成果，学习并运用西方考古学方法，开始从事田野考古，通过历史物质文化遗存，探寻和认识古代社会，揭示人类社会发展规律。早在1926年，中国学者就自行主持山西南部汾河流域的调查和夏县西阴村史前遗址的发掘。随后，我国学者同美国研究机构合作，有计划地发掘周口店遗址，发现了北京猿人。从1928年起至1937年，连续十五次发掘安阳殷墟遗址，取得了较大收获，引起了国内外学术界的重视。自20世纪50年代以后，随着国家大规模经济建设的进行，田野考古勘探、调查和科学发掘工作在全国范围内蓬勃有序地开展，许多重要的典型遗址和墓地被揭露出来，重大发现举世瞩目。它们脉络清晰，层位分明，文化相连，不仅弥补了某些地域上的空白，而且衔接了年代上的缺环，为研究中国古代史、文化史、科学史以及其他学科领域，提供了珍贵、丰富的实物资料，极大地影响着人文社会科学诸多学科专业的研究与发展。这段时间被学术界称为中国考古学的黄金时代。在马列主义理论指导下，具有中国特色的考古学理论体系和方法论逐渐形成。有关研究成果不仅极大地改变和丰富了人们对中国文明起源、中国古史发展等重大问题的认识，同时也扩展了中国文物的研究领域和研究方式。可以说，考古学的发展与进步，直接影响到文物学的形成与发展，而且影响到全社会对文化遗产重要作用的认识以及世界学术界对中国古代文明的重新认识。

从 20 世纪 80 年代开始，文物界就中国文物学的创立，逐渐取得共识，在共同探讨的基础上，初步形成了学科体系。不少学者发表了有关论文，出版了专著，就文物的历史价值、科学价值、艺术价值以及在社会主义的物质文明与精神文明建设中如何对文物进行有效保护、合理利用发表意见。这些研究成果已获得学术界的赞同。

在这世纪之交和千年更替之际，对中国考古学和中国文物事业作一次世纪性的回顾和反思，给予科学的总结，是许多学者正在思考和研究的问题。如果能通过梳理 20 世纪以来重大发现和研究成果，透视学科自身成长的历程，从而展望未来发展的方向，以激励后来者继续攀登科学高峰，无疑是一件很有意义的事。为此，经过酝酿、商讨和广泛征求意见，我们约请一批学者（其中有相当多的中青年学者）就自己的专长选择一个专题，独立成篇，由文物出版社编辑出版一套《20 世纪中国文物考古发现与研究丛书》，并以此作为向新世纪的献礼。

从某种意义上说，《20 世纪中国文物考古发现与研究丛书》是一套学科发展史和学术研究史丛书。其内容包括对 20 世纪考古与文物工作概况的综合阐述；对一些重要的考古学文化和古代区域文化研究情况的叙述；对文物考古的专题研究；对重要的文物考古发现、发掘及研究的个例纪实。

此套丛书的内容面广，而且彼此关联。考虑到各选题在某些内容上难免会有重叠或复述，因此在编撰之初，我们要求各选题之间互有侧重，彼此补充，以期为读者了解 20 世纪中国考古学和文物学的发展提供更多的视角。

我国的文物与考古工作，虽在 20 世纪得到了迅速发展，但仍有许多重大学术问题需要进一步探索。我们主持编辑这套丛书，除了强调材料真实，考释有据，写作态度严谨求实外，也不回避以往在工作或研究上曾经产生的纰漏差错和不足之处，以便为今后的工作和研究提供借鉴。虽然我们尽了很大努力，但限于水平，各篇仍很难整齐划一。由于组稿和作者方面的困难和变化，一些计划中的题目也未能成书。这些不周之处，敬请专家、学者和广大读者批评指正。

在丛书编印过程中，我们得到了文物、考古界的广泛支持。何东先生在出版经费上给予了热情帮助。在此，一并深表感谢。

2000 年 6 月于北京

目　　录

插 图 目 录

一 岩石上的古代史

全世界现在已有一百二十多个国家，在陡峭的岩壁上或阴暗的洞窟中，发现了崖壁画或岩刻的遗迹。最早的岩画创作于四五万年以前。

这些崖壁画和岩刻的遗迹，我们称作"岩画"。岩画在中国从古到今曾有过许多不同的名称，如石刻、刻石、画石山、摩崖石刻、崖画、崖壁画、岩画、岩刻、岩雕等等。现在我们通称为"岩画"，国外则通称为"岩石艺术"。不管是在国内还是在国外，人们对这一称呼都不大满意，总觉得不能完全反映出其丰富的内涵，但是，又没有一个更好的名称来代替。中国岩画分凿刻和涂绘两种，本书将前者称为"岩刻"，后者称为"崖壁画"或"崖画"，而"岩画"则作为两者的通称。

不管在远古时代的艺术中所占的比例如何，岩画的遗迹却一直保留下来。画身、文身、人体装饰、树皮画、棕叶画等等都是原始时代的艺术形式，可能存在于岩画之前，但却未能历经千万年的岁月流传下来。而音乐和舞蹈，仅在岩画中显示出曾经存在过的间接证据，或在考古发掘中发现过乐器的遗存。

我们从岩画中，体会到人类是在困惑与迷茫中探索，在无助与企盼中苦干，在生存与灭亡中繁衍。岩画是人类在为生存而斗争时，留存在岩石之上的形象记录。

（一）文字出现前的文字

在任何社会里，人与人之间的交流总是首要的。所以广义地说，文化等于交流，或交流产生了文化。

人际之间的迎来送往，各种各样的生活习俗，以至五花八门的礼仪与祭祀等等，都可被视为一种交流，也是一种特定的文化。

在各种的交流方式中，语言当然是主要的。人们要用自己的语言表达自己想说的内容。但是，生活中决没有想怎样表达就怎样表达的事，只有遵循社会的规范和约束，你所说的内容才会被人们所理解，交流也才会成为可能。

某一文化群体的成员之间，有他们共同的话题，也有他们自己攀谈的方式。这些都与其生活习惯、思想信念和价值体系有关。所以，人类的交流有一定的规则性、体系性，具有某种"符号性"，可以使人们相互之间能"读出"某种意义来。换言之，人类如果不能互相发出可以理解的信号，社会生活也就无法持续下去了。

文化的开端在于交流，岩画的开端也在于交流。人们的交流方式是多种多样的，除了语言之外，在文字出现之前，图画也是一种很重要的方式。在世界各地的林壑之间、山崖之上，先民们遗留下来的大量岩画，都是他们表达自己感情及交流思想时的产物。史前的岩画是一种原始的语言，一种文字前的文字。事实上，这些远古的岩画艺术已成为原始时代的百科全书。

遗憾的是，由于古今人们交流的方式的不同，现代人已很难完全读懂远古时代的这部百科全书了。

岩画同时也是一门艺术，是一种悦心的创作。其创作所体现出来的人类的想象力是不容忽视的。爱因斯坦说："想象力比知识更重要，因为知识是有限的，而想象力概括着世界上的一切，推动着进步，并且是知识进化的源泉。"

岩画是靠着艺术想象力使情感具象化。处于原始时代的人类，无公害的污染，无人为的羁绊，任想象力自由驰骋。他们所创造的原始艺术，淳朴无华，犹如陈年的醇酒，流香四溢，绝非现代艺术所能比拟（图一）。

图一　内蒙古阴山几公海勒斯太沟猎人岩刻（摹绘）

（二）岩画的时空现象

每个岩画点都制作和存在于不同的时空，这就是岩画的时空现象。

不同类型的岩画艺术出现在不同的地区和不同的时期。各地的岩画，一般发现在三种地方：洞窟、岩石遮蔽处、露天的崖壁和大石块上。在不同的地区，又有不同的分布。岩画出现在这些地方是有其社会的原因的。那些用绘画装饰着的洞窟深处也好，刻画过的岩阴遮蔽处也好，或描绘在露天岩面上也好，都说明着那些制作岩画的人类群体的情况，也说明了岩画艺术本身一定的社会作用，以及与岩画艺术的产生和发展相关的社会事件。

岩画不应当被认为是一个孤立的文化现象，或是个别艺术家的创造。它们是史前人类文化的代表作品。

洞窟艺术发展的时期，在西欧是最后一次冰河时期，属于旧石器时代晚期。当时生活在这片土地上的是马德林人。他们是狩猎者和采集者，妇女采集果实，男人负责狩猎。他们的生活方式绝不是单纯的游动或定居。氏族部落可能整个季节停留在同一个地方，甚至一年或更长的时间，直到那里的资源匮乏后才离开，长途远征去寻找新的生存环境。

所有狩猎人和采集者，在不同的氏族或部落会有一定的集会，一年一次或两次。他们来到特殊的地点组织祭祀或过节，相互交换信息和物资。如在法国比利牛斯山地区的尼奥洞窟附近，据了解就有几支马德林文化期的居民。他们与洞窟里面的岩画直接有关。

欧洲洞窟岩画的研究在 19 世纪就已开始。此后不断的发现证明，岩画是全世界范围内的文化现象，在世界的许多地区，早期人类都选择在岩石上进行刻绘。尽管研究工作尚在继续，但现在已发现数千处规模巨大的岩画遗迹。科学的证据，诸如放射性碳素断代的测试，以及史前气象学和考古学的分析，证明目前已知的最早的岩画大约创作于四五万年以前。

旧石器时代的岩画，是以洞窟艺术为主。到中石器时代以后，制作于岩石遮蔽处的岩画（岩阴艺术）就多起来了。著名的洞窟艺术，如法国拉斯科洞窟壁画和康巴列斯洞窟岩刻，都是制作在不见阳光的洞窟深处，作品完全处于黑暗之中。到了中石器时代以后，岩画则大多制作在直接或间接受到阳光照射的岩厦的崖壁之下，即所谓岩阴艺术。它们与洞窟艺术不仅有刻划深浅的区别，而且创作的环境也是迥然不同的。

旧石器时代之后的岩画，从洞窟深处走向敞亮的崖面，是由于人类生存环境的改变，同时也反映着不同的社会的、心理的需要。旧石器时代的写实的动物像和后来所谓"表现主义"的人物像，也就是图案化的、抽象化的人物像，其主题样式各自具有特殊的意义，各自的暗示和启发作用也是不一样的。在许多岩画点我们都可以看到这种时空现象。

这里我们以西藏任姆栋岩画为例，看一看岩画所反映出来的时空现象。

任姆栋山位于日土县西南 30 公里处，属日松区，海拔6000 米。任姆栋藏语的意思是"画面"，可见山名是根据岩刻而命名的。

岩刻分布在公路旁的陡崖上，最高的画面距地表十余米，最低几乎与地面齐。岩刻可分四组，共四十多个画面，大小不一。每个画面的图形，少则一个，多则几十个。制作的方法，是先用硬石块在崖面上划出细线轮廓，然后沿细线敲凿，形成粗轮廓线，或在轮廓内通体敲凿。

　　岩刻的内容包括太阳、月亮、动物、人物、武器和器皿。其中以动物居多，有牛、马、羊、骆驼、鹿、豹、狼、狗、龟等等（图二）。人物有的双手上举，有的搭弓射箭，也有手持

图二　西藏日土县任姆栋豹逐鹿岩刻（摹绘）

带穗长杖及头戴羽状装饰的。器皿表现得最少，有一种长颈圆腹的容器，可能是陶罐。此外，还有像是本教的宗教符号。

　　任姆栋岩刻，从艺术技巧上看，一部分岩刻线条粗拙，当属早期作品；另一部分岩刻已采用双线勾勒，来刻划动物的躯体轮廓，而四肢部分仍用单线。还有一部分形象，各部位都已

用双勾造型,动物的蹄趾分开,关节处也能表现,躯干部位甚至加上装饰性的花纹,风格相当细致,大约是属于后期的作品。

后期的岩刻,数量少于早期,人物形象日趋写实,并能较好地表现动态。动物的身躯,如牛、羊、鹿则多饰以横置的 S 纹,豹和狼饰以较粗的竖线纹。刻制的方法多为表现轮廓线,通体敲凿的很少。作品已有整体的布局安排,如表现群鹿争雄、人物舞蹈、祭祀活动等大场面。有一幅岩刻,高 2.7、宽1.4 米,画面表现的是原始宗教为祈求人畜兴旺而进行祭祀活动的宏大场面。上部有日、月的图形,并刻有男女生殖器。右侧有一条大鱼,首尾相接呈圆形,腹内孕有十条小鱼。画面下部,分九排刻有一百二十五只羊头,大约是祭礼的牺牲。这幅作品凿刻的一百多个羊头,正是当时大批杀牲、以头祭祀习俗的真实写照。

西藏的任姆栋岩画以其作品丰富的内容,反映了西藏高原在特定时空里,特定人们的社会的、精神的和物质的生活。

(三) 岩画的文化内涵

在全世界范围内,分析岩画的文化内涵是一个全新的研究领域。在文字出现以前的社会里,岩画的内容反映了当时的生产与生活、思想与意识。

在文字产生之前,岩画是记录人类想象和艺术创造的最早证据。它组成人类遗产中最有普遍意义的部分。岩画体现了人类抽象、综合和想象的才能,描绘出人类经济的和社会的活动,以及人类的观念、信仰和实践。岩画对于深刻认识人类的精神生活和文化样式的作用,是其他任何东西都难以替代的。

岩画是典型的文字出现前社会的产物。它始于晚期智人的出现，而逐渐消失于当社会获得以书写的方式作为交流工具的时候。只是在个别地区，岩画的传统一直保存到近代。从艺术的角度说，岩画反映着一种原始世界的观察力和想象力，其中某些普遍的样式在现代艺术中仍然存在。

学者们开始认识到这些绘制和凿刻在岩石上的图画，犹如文字的记载。在某种程度上，岩画还是一种可以超越"方言"差异的、用以传达和交流人类文化的"原始语言"，是重建人类历史的非常重要的资料。基于这样一种理解，我们对岩画文化内涵的考察和分析，就不应仅限于对其绘画艺术性的讨论，还要通过对其遗存形式和画面内容的观察，去发现和研究古代的人们如何借助这种独特的"语言"传达他们对主、客观世界的认识，以及人们在岩画形式中所表现的一切精神活动与一切物质活动之间的关系。岩画作为最重要的人类文字产生之前的记录，也是研究人类认识发展的最有价值的资料。

对岩画进行系统地综合分析之后，实际上，全世界大多数岩画艺术都可以归纳为以下几个有限的内容，即三个主题和五种题材。

几乎所有的史前艺术都集中在三个基本的主题上，即性、食物和土地。岩画艺术的基本主题也与此相关。虽然时间在流逝，年代在推移，人类主要考虑的问题，千万年来并没有很多改变。

至于岩画的题材，则有以下五种主要的题材：

（1）拟人形；

（2）动物形；

（3）建筑和地形；

（4）工具和物体；

（5）几何图形和图形字母。

但是这五种题材，各自所占的数量和比重是不同的。当人们处于狩猎时期，岩画的题材多是动物和符号，拟人形这个题材相对来说要少些。在画面中的数量及在画面中所占位置的重要性，都以动物形为最。而反映地形和建筑的岩画极少，有时还辨别不清，似是而非。工具和武器题材亦是如此。几何形和符号是属于抽象的表意图形，在各地岩画点都有发现，并且又常与动物联系在一起。待到复杂经济与农耕发展之后，动物图形在画面上就不那么重要了。至于近代艺术的一些题材，如风景、肖像、花卉和静物等，在岩画中几乎是看不到的。

所以，上述几种岩画的基本题材的数量和重点是根据时代和地域的不同而变化的。在不同的时期，岩画艺术的题材集中于特定的内容，但在某些时期，由于地方性和其他特殊条件，这种情况也不是一成不变的。

可以假定在某种社会和经济的情况下，出现某种图形，如果我们能够正确认识和运用比较研究的方法，则往往可以通过图形来推断当时社会经济的情况。类型学是从事比较研究的首要基础，数量类型学可制作出各种图形数量的图表。它侧重于各个岩画点的群体，并对各个类型的岩画点作系统的分析。

岩画反映了当时的社会生产水平。人类最初对于自身及自然界的认识是模糊的，由于集体生活和劳动实践的结果，其认知领域不断地扩大。因此，这些认识受当时的环境条件和生产力发展水平的制约，具有局限性，但决不是贫乏的。而且从当时的条件看，由于现实生活的需要，迫使他们首先熟悉自己生活地区的自然界和动、植物群。在这方面，人类有着惊人的才能。这些在岩画的内容及数量中都会有所反映。

人类拥有丰富的物质文化内容，工具和武器的制造、食物的采集、狩猎与捕鱼、农业与畜牧等，所有这些都是在长期生产劳动过程中积累起来的。人类也具有丰富的精神文化内涵，图腾主义、巫术活动、自然崇拜、灵物崇拜及祖先崇拜，都是原始宗教的表现形式。所有这些对岩画艺术都有着很深的影响。

岩画数量巨大，分布广泛。其内容之丰富，甚至可以囊括诸多学科。如今，岩画研究实际上已发展成为一个新兴的领域，并且自成体系。

二 中国岩画的发现

（一）寻找消失了的文明

岩画的分布遍及五大洲，它把人们带到了人类的童年时代，让我们周游人类的史前世界，并帮助我们寻找失落了的文明。它以其全球性的广度和历史性的深度，已成为世界性的一门崭新的学科。

中国岩画的发现，见之于古典文献是非常早的。《韩非子》中就有过凿刻脚印岩画的记录。公元6世纪，地理学家郦道元在他的《水经注》一书中，也记载了一些有关岩画的内容。而在此之前的《史记》和此后的一些历史文献资料中，也有零星的记述。所以，可以说中国是世界上发现并记录岩画最早的国家。

1．古籍中的模糊记载

（1）《韩非子》中关于脚印岩画的记载

中国大概是世界上记载岩画最早的国家。公元前3世纪的《韩非子》一书中，就有赵主父派遣工匠"刻疏人迹"的记载。

《韩非子》卷十一的"外储说左上第三十二"中说："赵主父令工施钩梯而缘播吾，刻疏人迹其上，广三尺，长五尺，而勒之曰：'主父常游于此。'"这里说的"播吾"即蒲吾，在今河北平山东南。可见镌刻脚印的习俗，直到战国时期仍在中国的北方一带流行。

（2）《史记》中关于脚印岩画的记载

司马迁的《史记》成书于公元前 1 世纪，距今已有两千多年了。他在书里说到周代始祖后稷的母亲姜嫄踩了巨人的脚印后有孕，于是生下了后稷。而这一记载，是根据《诗经·生民》一诗中的叙述。该诗的大意是说，姜嫄向上天祈祷，希望让她有个儿子，后因踩了神的脚印而怀孕，生下了周代的始祖后稷。如此，或许我们可以把脚印岩画的记载上推到《诗经》的时代，即公元前 11 世纪至公元前 6 世纪。而后稷的时代还要早，距今已有四千年了。

脚印和手印是世界各地岩画中常见的题材，中国古典文献中有关脚印岩画的记载也特别多。这种被称为"巨人迹"的脚印岩刻，除《水经注》外，北宋时期编纂的《太平御览》卷四十七"地部十二"中引《郡国志》亦记："台州覆釜山，云夏帝登此得龙符处，有巨迹，云是夸父逐日时之所践"。查《太平御览》引用的《郡国志》有两种，一为晋司马彪的《续汉书郡国志》，一为《元和郡县志》。 不管是哪一种， 都是宋以前的记载。

《太平御览》卷三百八十八"人事部二九"引晋郭缘生的《述征记》载："齐有龙盘山，上有大脚，姜嫄所履迹。"又引南朝刘宋的盛弘之《荆州记》说："零陵县石上有夸父迹。""湘东阴山县北数十里有武阳、龙麇二山，悉生松柏美木。龙麇山有盘石，上有仙人迹及龙迹，传云昔仙人游此二山，常税驾此石"。这些都是关于脚印岩刻的记载。

（3）《水经注》中记载的脚印、蹄印岩画

《水经注》是北魏时的一部有关河流的著作。它不仅叙述了河流的发源和流向，还兼及有关的历史遗迹和传说，是中国，同时也是世界上最早出现有关岩画记载的文献之一。

《水经注》中记载过新疆和田地区的足印石刻。据《水经注》卷二"河水二"记：于阗"南城一十五里有利刹寺，中有石靴，石上有足迹，彼俗言是辟支佛迹"。现代的考古调查证实这一记载并不是毫无根据的。在古于阗（今新疆和田）西南不远的桑株岩画中就发现了手印图像。在且末县昆仑山岩画中，除众多的手印图像外，还发现了大量的脚印图像。此外，和田东北的库鲁克山岩画中，也有手印、脚印图像。这里提到的佛寺中的足迹岩刻，目前情况不得而知，但我们却在北疆博尔塔拉蒙古自治州温泉县的高山牧场上，发现了足印的石刻岩画。

《水经注》中还说，雷泽（今山东菏泽和郓城之间）有大脚印的岩刻，早年伏羲的母亲华胥就是在这里踩了大脚印，后来生下伏羲。而伏羲是中国历史上传说时代的人物，他的年代比后稷更为久远。有关伏羲和后稷踩脚印而生的故事，似乎反映了脚印岩画与远古时代的生殖崇拜有关。这在中国屡见于记载，应该说是流传久远了。

除人的脚印外，动物的蹄印岩画也屡见于记载。在《水经注》卷二"河水二"中，提到了甘肃的岩画。书中记，广武（今甘肃永登）和晋昌郡（今甘肃安西）有古代的马蹄印岩刻。此处作者插叙了一段天马的故事，说汉武帝听到西域大宛国有天马，就派遣大将李广去攻打，终于得到了这匹天马。但天马思念故土，当北风起时，竟挣脱羁绊，昂首奔驰，清晨从京城长安出走，不久就回到了敦煌。所以，在敦煌附近的晋昌和兰州附近广武马蹄谷的盘石上，留有马蹄的印迹。书中还说，当地的少数民族那时仍在继续仿刻，但新旧的岩画是很容易辨别的。

《水经注》中还记载了宁夏贺兰山地区和内蒙古阴山西段狼山地区的动物岩刻和蹄印岩刻，以及陕西汉水流域也发现过马蹄印岩刻。《水经注》卷二十七"沔水"中提到旬阳县（故城在今陕西旬阳北），那里有座马迹山，崖高约150米，上有石刻字。因悬崖太陡，人们不知道上面刻的是什么。山下的岩石上有马蹄印岩画五处，所以叫马迹山。

淮河流域也有蹄印和脚印的岩刻。《水经注》卷三十"淮水"称：淮水经过今安徽凤台西南的硖石。据《明一统志》记，山两岸相对，淮水迳其中，并说是大禹治水的时候开凿的。硖石西岸的山上有马蹄印岩刻十余处，传说是西汉淮南王刘安乘马升天时留下的，在郦道元写《水经注》时还保存着。

郦道元的《水经注》中所记载的岩画不只是脚印和蹄印，还有众多的人物、动物、人面像、器物、符号等等。我们现在所发现的岩画的题材内容，在其书中几乎都有记述。

（4）唐代著作中记载的福建仙字潭摩崖石刻

古代文献中有关岩画的记录，最为详细的大约要算福建华安仙字潭的摩崖石刻了。

福建华安仙字潭岩刻是1915年发现的，但在唐代张读约公元9世纪撰写的《宣室志》中就记载过这样的故事。泉州的南面有一座高峻的山崖，崖下有潭，水深得无法测量。潭中有蛟龙，如果人们误入其地，或牛马到潭边去饮水，就立刻会被吞食。因此，居住在山崖附近的老百姓，都带着妻儿跑到很远的地方去避难。据说，唐宪宗元和五年（公元810年）的一个晚上，只听得山南有暴雷，轰鸣数百里，好像山崩地裂，人和牛马都被震倒在地，屋瓦互相撞击，树木则被连根拔起。经过三个时辰，到后半夜雷电才平息下来。第二天早晨起来，只见山崖崩裂，掉下来的石头填满了水潭，潭水溢流，遍地是蛟龙的血。这时，石壁上出现凿刻的十九个字。原先外出逃难的人们也都回来了，又在这里盖屋结庐。当地的官员因为那石刻的字，故将此地取名"石铭里"。

后来有人把岩刻的拓本，带到了洛阳。据说，当时唐代著名的文学家韩愈认出了那些字，说其中的内容是上天谴责蛟龙，命令将它杀掉除害。后来，人们就把那个地方叫做"仙字潭"。这就是以后发现的仙字潭摩崖石刻画，因岩画图形太抽象，故被看成了"仙"字。

（5）各种地方志上的记载

明清以来，在各种地方志中，关于岩画的记载是很多的，也有的与现在的实物内容不一致。如位于香港东面的东龙小岛北岸的一处岩刻，是迄今在香港发现的最大的岩刻。嘉庆二十四年（公元 1819 年）的《新安县志》中写道："石壁画龙，在佛堂门，有龙形刻于石侧。"但我们现在看到的东龙岩画并非龙形，而是鸟形。这可能是由于年代久远，以讹传讹的缘故。

文献中对于花山崖壁画的记载，始于宋代。此后，明代和清代的文献中也曾提到。

广西的左江崖壁画，是先发现了岩画，然后才在古籍中找到诸多的记载。宋代关于左江崖壁画的文献有李石的《续博物志》。该书卷八记："二广深溪石壁上有鬼影，如淡墨画。船人行，以为其祖考，祭之不敢慢。"这里所说的"二广深溪"，当指现在的左江。明代张穆的《异闻录》里，说得更明确，也更神奇："广西太平府，有高崖数里，现兵马，持刀杖，或有无首者。舟人戒无指，有言之者，则患病"。这段话记载在清代汪森著的《粤西丛载》中。

清末的《宁明州志》中也有一段关于崖壁画的记载。其云："花山距城五十里，峭壁中有生成赤色人形，皆裸体，或大或小，或执干戈，或骑马。未乱之先，色明亮；乱过之后，色稍黯淡。又按，沿江一路两岸，崖壁如此类者多有。"

岩画的故事大量地出现在古代文献与民间传说中，而且大都被描述得神乎其神。这是因为年代已久，人们已经说不清其准确的内容与真实的来历了。这也从一个侧面反映出中国岩画的历史是非常久远的。不管是一千五百年前的《水经注》，还是一千多年前唐代人的著作，有的都只是些模糊的记忆和神奇的传说。

2．民间的荒诞传闻

比起民间故事来，古代的文献记载似乎更受到人们的重视。但实际上，古代文献大都也是根据当时的民间传说记载下来的。

岩画是人类描绘在岩石上的一部远古史，但现在我们还不知道从什么时候开始，人们才记起有关岩画的事。在民间的传说里，很早就曾有过许多关于岩画的故事。这些故事虽然荒诞，却反映了当时人们对岩画的一些看法。

（1）台湾鲁凯族的传说

台湾高雄万山岩雕群发现于20世纪70年代末期，但在民间的传说中却早已证明它的存在了。

高雄县茂林乡的鲁凯族中流传着这样的故事：在远古的时候，万山本来是一座没有人居住的荒山，后来有五个家族自北方陆续到这里开垦，其中拉巴乌赖家族的祖先娶了布农族的女子为妻。每当家里人下地劳动时，她烹煮甘薯，先发出嘘嘘声引来许多蛇，然后把蛇盘绕在石头上和甘薯一起焖熟。趁家人回来之前先吃掉蛇肉，剩下的甘薯留给家人。这样过了很长时间，家里人个个瘦弱不堪，惟独她健壮异常。有一天，家人挖开土窑，发现了蛇肉。当时蛇是被视为神灵的，吃蛇肉就是对神灵的亵渎，因此，她被赶出家门。临行时，她与丈夫相约在一个名叫祖布里里的大石头处相会。她苦苦等待着，但她的丈夫一直没有来。她独自一人趴在石头上哭了起来。那岩石质地松软，她踩上去就印下脚印，趴下来就留下全身的形象。据说，这就是万山岩雕的由来[1]。

（2）云南阿佤山上的故事

在云南的阿佤山上，流传着许多关于崖画的故事。

一个故事说，上帝开天辟地以后，在岩洞里找到了人类。当时的人类体格魁伟，食量惊人，一顿能吃掉一箩筐，一口能吞进一竹筒，最后连树叶、草皮也都被他们吃尽了。这时，上天告诉他们："洪水就要来了，你们每人快造一只木船，这样才能躲避灾难。"人们说："洪水我们不怕，淹了平地可以爬山，淹了大山可以上树。再说我们即使躲过了洪水，也会饿死的，我们应该考虑给后人留下怎样生活的教训。"于是他们杀了牛，将牛血和红色矿石粉混合制成颜料，在崖壁上画下了教导后人应该怎样生活的崖画。

据说，现在的人类是洪水之后第二次产生的人类，那时他们既不会生产，又无处生存，还要躲避毒虫和猛兽的袭击，生活极端痛苦。后来，他们在崖壁上发现了岩画，于是，就照着岩画的样子，学习种植庄稼、狩猎野兽和饲养牲畜。从那以后，人们才过上好的生活。多少年来，佤族村民都要在每年旱季，林木苍翠、山花烂熳之时，到岩画点前面举行庄严的祭祀活动。群众尽情歌舞，活动往往要持续一两天。

（3）广西花山的故事

1950 年，在广西左江流域宁明县发现了花山崖壁画。其实，在民间早就有关于岩画的传闻。

有这样一个传说：从前有一个英雄，名叫勐卡。他气力过人，干起活来，一个顶十个，能把一千多斤重的大石头，投掷出三四十米远。他对那欺压老百姓的皇帝极为仇视。为了兴兵造反，他召集起百姓，经过百日操练，个个都成为勇猛无比的神兵，把皇帝的军队打得落花流水。人们为了纪念这位英雄的业绩，就把他们画在花山的崖壁上了。

也有故事说，勐卡想造反，但没有兵马，于是他在纸上画，画的兵马要经过一百天，才会变成真人、真马。秋收时，他已经画了九十多天了。他母亲见他白天不出来干活，非常怀疑。有一天趁他不在家，就悄悄走进他的房间，把他放画的箱子打开看。谁知刚把箱子打开，所画的那些兵马都飞出去了，但因不足一百天时间，没有变成真人、真马，而是飞到花山崖上就黏住了，变成了岩画。勐卡回家后，很伤心，每天跑到花山崖下去看，站久了，自己也变成了一块石头[2]。

传说虽然古老，但花山崖壁画真正的科学发现，却是 20世纪 50 年代的事。

（二）20 世纪的重大发现

近代岩画研究，始于 1915 年黄仲琴对福建华安汰溪仙字潭石刻的调查。20 年代末瑞典的贝克曼对新疆库鲁克山岩刻，40 年代石钟健等对四川珙县"僰人悬棺"岩画，也都曾进行过考察。

　　中国古代岩画的大量发现，是 50 年代后的事。50 年代对广西花山崖壁画的大规模调查，60 年代云南沧源崖画的发现，以及 70 年代对内蒙古阴山岩画的研究，都是成果显著。80 年代以后，中国岩画的发现有了更大的进展。目前，全国已有二十余个省区（包括台湾、香港和澳门）的一百个以上的县(旗)都发现了岩画，但岩画点和画幅的数量还未曾全面统计过。

　　1930 年，陈寅恪在陈垣所著《敦煌劫余录》的序言中写道："一时代之学术，必有其新材料与新问题。取用此材料，以研求问题，则此时代学术之新潮流。治学之士，得预于此潮流者，谓之预流（借用佛家因果之名）。其未得预者，谓之未入流。此古今学术史之通义，非彼闭门造车之徒，所能同喻者也。"20 世纪中国古代岩画的发现，亦将对中国文化史之研究产生重大之影响。

1. 世纪初的发现

（1）福建华安仙字潭摩崖石刻

　　尽管中国岩画的发现可以上推到数千年前，但近代对岩画的实地考察却始于 1915 年对福建华安汰溪仙字潭岩刻的调查。

　　从首次发现福建华安汰溪岸边的岩画点起，数十年过去了，汰溪旧日的模样早已改变。水流减少，沿溪航行已很困难，但两岸山林依然是一片翠绿。汰溪在此盘旋，形成一个深潭，约有十余米宽。潭的南岸是草木茂密的低丘，北岸为陡峭的悬崖，高约 30 米，岩刻就分布在北岸的崖壁上。自东而西有六组岩刻，自第一组至第六组约长 20 米，除了后人插入的一组汉字石刻外，其余都是属于远古时代的石刻（图三）。

　　黄仲琴认为，许多图形似从	二字嬗变而来的，不是咒语符箓之类，仙字的说法当然也不能成立。另外，图形大小参

图三　福建华安县仙字潭岩刻（拓本）

差，排列又没有规律。虽与贵州的红崖石刻有些相似，但其结体又不相同。有的像金文，但也不能勉强附会。其认为可能是某少数民族的古文字。

　　经过反复调查，仙字潭岩刻现在已发现了五十多个图形。1984 年 7 月出版的《华安文史资料》中说："华安仙字潭摩崖第七刻拓片，此刻原石已不见。"其实第七刻原石并未湮没。因为崖面颜色黝黑，青苔蔓生，许多图像皆被苔衣覆盖，所以难以辨识。现在图像已被陆续清理出来。由此推测，一千年前唐人所说的仙字潭"凿成文字一十九言"，以及后来所谓"古篆六行，二十四字"，都是因为年代久远，崖刻被苔衣所侵，没有调查清楚的缘故。

仙字潭摩崖石刻，图形奇特，与金文、甲骨文若即若离，又有人面、兽面、舞蹈等形象，与图画似而不似，为中国学术研究领域增添了一个新课题。

由于仙字潭摩崖岩刻的发现和研究，人们开始寻访华安，以至整个漳州地区的岩画点，迄今已在漳州地区发现五十余处。其分布范围很广，东起龙海市濒临台湾海峡的南太武山，西迄南靖县的南坑乡，东南至东山岛的铜陵镇，西南到诏安县官陂乡的马坑山，北至华安县湖林乡的石井村都有岩画发现。

1988 年夏，笔者参观了云霄县仙人山的岩刻。在山路旁发现石刻数组，图形均极抽象，含义亦不明。在山头的一块圆形巨石上，发现三个圆穴，两大一小。两个大的在上部，圆穴的周围有一圆圈，摩刻得很浅。人们认为这几个圆穴可能与女阴崇拜有关。漳州地区岩画的发现仍在继续。1990 年 1 月 5 日，漳州市文化局曾五岳同志来信说："不久前我和林焘同志在该县（华安县）高安乡一条小河畔，发现一处由十一个小圆穴构成的岩画，可能是个星宿图"。

2．20 年代的发现

（1）新疆岩画的发现

1927 年，中国学术团体协会和瑞典探险家斯文·赫定联合组成"中瑞西北科学考察团"，对中国西北地区进行探险考察。考察内容包括地质学、地磁学、气象学、天文学、人类学、考古学、民俗学等诸多学科。

考察团于 1927 年 5 月从北京出发，经过内蒙古的包头、百灵庙至鄂尔济纳河流域，1928 年 2 月到达新疆迪化（今乌鲁木齐市）。在考察过程中，考察团的中方团长徐旭生，在新疆哈密附近的博克达山中发现了岩画。岩石呈黑色，用物刮磨，遂成图画。他在南北两块一大一小的石头上，辨识出鹿、羊以及持弓的猎人等形象。石边还有一些图形，由于石苔的侵盖，形象已经难以辨认了。

据徐旭生的观察，这是古代的遗存，决非近世所作，只是没有时间作进一步的研究。在他的日记里，也没有谈出更多的内容。

1928 年 4 月，贝格曼到新疆尉犁县一带考察，发现库鲁克—塔格岩刻。

他们从兴地去营盘，在离兴地南约 6 公里的地方，看见溪谷左侧一百多米高的悬崖峭壁下面有许多岩刻。1928 年 11 月上旬，贝格曼第二次来到兴地，在这里花了几天的时间，把岩刻填上白颜色，并拍了许多照片，后来发表在他的一本名叫《新疆考古研究》的著作中，定名为库鲁克—塔格岩刻。

库鲁克岩刻，位于巴音郭楞蒙古族自治州尉犁县境内的库鲁克山兴地峡谷中。岩刻左右之间最远的距离为 54.5 米，共有图形二百多个。除众多的动物形象外，还有狩猎、放牧、舞蹈、杂技、征战、斗殴、车辆、住房及文字符号等等。在岩刻中，有手印、脚印以及各种符号。手印短而宽，有的甚至只有三个指头。库鲁克岩刻的制作年代一般认为始于匈奴时期，一说始于比匈奴还要早的塞人时期。晚期的作品在最下层，出现了喇嘛符号和两个连环的花结，以及用托尔固蒙古文体书写的铭文，意思是"佛祖时代的图画"。这种文体是公元 17 世纪时开始使用的，说明那时的蒙古人想表示他们信仰的岩刻是存在于很可尊敬的佛祖时代。

50 年代在南疆和田地区的皮山县，发现桑株镇岩刻。60

年代在北疆的昭苏、特克斯、托里、巩留、霍城、温泉和额敏等地也发现了岩画。阿勒泰是天山以北岩画最丰富的地区。1965 年，新疆文物考古研究所王明哲等开始发现岩画。这里的岩画，显然与欧亚大草原上的岩画有着直接的联系，出现鹿的形象，并有着许多卷曲的角，与在蒙古发现的鹿石形象完全一致。70 年代和 80 年代，在新疆又有了更多的发现。有材料说明，新疆东部的巴里坤一带，沿着天山的各个山口，几乎每个山口进去都可以发现岩画。

（2）内蒙古阴山岩画

1927 年底，考察团的瑞典考古学家贝格曼，在内蒙古阴山西段的狼山脚下发现了岩刻。考察队从 12 月 30 日开始，沿公路经狼山山脉，绕道到达河套平原，沿途有不少有趣的发现。

在黄河隘口两侧的一些平滑的石面上，凿刻着清晰的图形，类似茶杯形状组成的圆圈（小圆穴）。另外，还有骑在马上的人，以及手形、脚印、人面像等。据当地的蒙族牧民向贝格曼反映，黄河上游距此约 45 公里处，也有着同样的岩刻。70 年代，盖山林等在这里发现了更多的岩刻。

阴山岩画敲凿在露天的石壁、山崖或磐石上，虽经千百年日晒雨淋和风化，但仍有一部分清晰可辨。岩画的题材广泛而庞杂，甚至包括那个遥远时代生活的各个方面，诸如多种野生动物与家畜、不同形式的狩猎和放牧、布满日月星辰的天体、部落间的械斗、规模宏大的神像壁，以及原始数码和图画记事符号等等，比较全面地反映了中国古代北方民族的经济生活、社会形态、科学技术、审美观念和世界观。阴山岩画以其年代之久远，分布之广泛，数量之众多，艺术之精美，堪称中国北方民族对人类文化的重大贡献之一。

就目前掌握的材料看，阴山地区岩画最集中的地方是乌拉特中旗西南一带，其次是磴口县西北的阿贵庙一带。此外，还有两处岩画较多的地方，一是炭窑口，另一处是大坝沟口，都在乌拉特后旗南部。阴山岩画分布范围为乌拉特中旗、乌拉特后旗、杭锦旗和磴口县。

3．30 年代与 40 年代的发现

（1）香港古石刻

近代香港石刻最早的发现者，是业余考古学者陈公哲。他出资购买西式的旧帆船，从 1938 年起，便在香港及其周围的岛屿上，从事考古调查，并在沙冈背附近发现一处崖壁石刻。石刻位于东面的低岩上，刻有方形雷纹六个。这就是后来被称作下石壁的石刻。

此后，香港诸岛陆续有发现。如 1970 年在大浪湾发现一处石刻。同年，报告在长洲岛又发现一处石刻。香港考古学会的秦维廉（William Meacham），对香港已经发现或未经证实的石刻，进行了调查研究，历时多年，于 1976 年出版《香港古石刻——起源及意义》一书。1986 年，秦维廉在给笔者的信中说，自他的著作发表后，近几年在香港和澳门等地又有新的发现。及至 80 年代末，广东珠海博物馆梁振兴等发现珠海高栏岛石刻画，珠江三角洲岩画的发现进入了一个新的阶段。

香港目前有岩刻九处，风格颇为接近，纹饰基本上是抽象的几何形，亦间有鸟兽图案。东龙岩刻是香港最大、最美的岩刻。东龙是一个小岛，北岸往香港码头的外闸处有一岩刻。岩刻高 1.8、宽 2.4 米，在一块大型圆石上。圆石很突出，离海面的高度有 4~5 米。岩刻涂上白粉，在离海岸很远的地方都

图四　香港东龙古石刻（摹绘）

能清楚地看到（图四）。

　　香港的岩刻大都是在海边，而且是在背向外海的小港湾或小海湾里。只有东龙例外，是一个大海湾，且对岸是在1500米以外。这一点也许十分重要。

　　（2）四川珙县"僰人悬棺"崖壁画

　　四川川南的珙县、兴文、高县一带，是中国悬棺葬最集中的地区之一。这一带又是古代"僰人"活动的地区，所以又称"僰人悬棺"。早在30年代，美国牧师葛维汉在介绍珙县悬棺葬时，就已经报道过悬棺附近的岩画。40年代，石钟健、芮逸夫又作了进一步调查。

　　所以，四川珙县悬棺葬岩画的发现共有两次。第一次是1932年，华西大学葛维汉牧师到珙县传教时发现。他后来写了《四川古代的僰人坟》，叙述所见悬棺葬、崖壁画的情况，刊载在《华西边疆研究》第 5 卷。当他看到悬棺近旁的山崖上有彩色壁画时，认为是悬挂棺材的人为死者而画的。第二次是1946 年中央研究院历史语言研究所石钟健、芮逸夫在四川进行民族学考察，调查川南悬棺葬时再次发现。

1946 年夏，在对"僰人棺"作了近两个月的调查访问后，石钟健提出了几点值得注意的看法：第一，关于岩画的年代，他认为岩画作品与死者的身份有关，岩画的年代当与死者的年代大体相当；第二，关于岩画的内容，他认为或许是死者氏族、部落的徽号。

珙县崖壁画的发现，对中国长江以南地区悬棺葬的研究也起了重要的作用。有的学者甚至提出，寻找悬棺葬的一个重要的条件就是崖壁画。在广西左江流域的崖壁画地区，就发现悬棺葬多处，如龙州沉香角崖壁画点，在数百米高岩画石壁上，距地面百余米处有一石洞，洞口呈鱼形，洞内就有悬棺遗迹。

1954 年冬，四川省文物管理委员会派遣考古专业人员，对珙县地区的悬棺葬作了详细的调查。1974 年，四川省博物馆又派出考古专业人员，对珙县洛表公社麻塘坝的"僰人悬棺"及其周围的岩画进行了调查，清理十具悬棺，并摹绘悬棺附近的岩画，写成《四川珙县'僰人悬棺'岩画调查记》，发表在《文物资料丛刊》第 2 辑上。

4．50 年代与 60 年代的发现

（1）广西左江流域花山崖壁画

1950 年，在广西宁明发现了花山崖壁画。1954 年 1 月，当时的省文化局曾通知广西省博物馆派人前往花山调查，拍摄照片。1956 年 8 月，广西少数民族社会历史调查组成立后，组成了正式考察队。9 月 23 日至 10 月 1 日，前往宁明明江一

带的岩画点进行调查和临摹。这次调查是有史以来对左江流域崖壁画的第一次科学考察。在明江下游沿岸共发现了七个岩画点。另外，调查人员在宁明珠山等地岩画点附近的岩洞中，还挖掘和采集了有肩小石斧、铜斧、网坠、骨针、石质装饰品、紫贝和粗绳纹硬陶片等文物。

这次调查结束后，1956 年 10 月 5 日，在广西省政协礼堂展出了崖壁画临摹图及调查所得文物，并邀请各界人士召开了一次报告会。有关报道发表后，引起全国学术界的重视，花山崖壁画成为中国著名的岩画点之一。

其崖壁画大都在江流的转弯处，岩画距水面一般为 50 米以上，最高可达 120 米。画面用赭红色颜料绘制，经光谱分析，为赤铁矿或类似的物质，调合剂大约用的是牛血。在周围嶙峋的黑色岩石和葱郁的绿色植物的衬托下，画面显得更加突出、醒目，蔚为壮观。

崖壁画大大小小、重重叠叠，画面中反复出现的人物形象，都呈双臂高举、两腿下蹲的姿势。位于中央位置的是身材高大、双臂上举、两腿分开的正面像。他们之间也有些不同，有的圆头、宽胸、细腰，有的头和颈连成一个长方形，更为简化，但人物赤裸、头饰变化多样等特点又都是共同的。围绕着正面人像的侧身人像，姿势虽然相同，却小于正面人像很多，头饰也较少变化。在正面人像的上方或脚下，有时绘有类似狗的动物（有些画有生殖器）。鸟则总是绘在正面人像的头顶上方，但形象不很清楚。这些动物与图腾信仰有关。左江流域八十多个岩画点都以表现这种人物形象为主，所反映的思想也就成为整个崖壁画的核心。尽管画面上也有动物、禽鸟、铜鼓、铜钟、刀剑和舟船等图像，但都是陪衬。

关于崖壁画创作的年代和创作者，学者们根据画面上的铜鼓、羊角纽钟、环首刀、扁茎短剑等具有时代特征的器物，并结合考古发现和碳十四测定，将年代大抵定为战国秦汉时期，创作者则为壮族的先民瓯骆越人及其后裔。岩画所反映的习俗，如祖先崇拜、祭祀水神、崇尚铜鼓及竞渡等，至今在左江地区的壮族中仍有遗存。

（2）云南沧源崖画

1964 年底，汪宁生到云南沧源进行民族调查时，曾留宿阿佤山上的曼帕寨。在和当地的干部、老人的交谈中，偶然得知崖画的存在，以及有关崖画的传说。根据村民的指引，他们于 1964 年 12 月 20 日离开曼帕寨，向东走约半个小时，刚刚翻过一座山，迎面便耸立着一座悬崖。就在这悬崖上，有用红色颜料绘制的图画，共有人物和鸟兽等一百多个形象。虽然历经风雨，崖画的色彩仍很鲜艳。崖画旁边的树枝上，挂了许多村民们供奉的狭长的彩色布条。另外，还供有经文、食品和钱币。

现在沧源崖画的十个岩画点，共发现图形一千多个。其中最多的是人物图像，有头饰羽毛、穗状物的，有头饰兽角、兽尾的，耳饰和腰饰也很丰富。其次是动物，有牛、猴、猪、大象等。此外，还有树木、道路、房屋、村落、岩洞、太阳、手印和一些表意符号等。图形一般较小，就人物而言，大者身高不过 20~30 厘米，小者不足 5 厘米。

崖画的内容丰富，表现出当时人们各种各样的生产和生活的场面。描写狩猎的，多数是持弓而射，或追逐围猎，还有持叉猎蟒和设栅捉猴的画面。有的猎人身边有狗相随，说明当时狗已被驯养。牛的图像最多，有牛群成行或颈上套着绳索被拖拉的场面，大概是放牧的景象。沧源崖画 6 号地点，在勐省坝子上即依稀可见，也是黄灰色的峭壁镶嵌在一片翠绿之中。当我们沿着弯弯曲曲、长满灌木的山路，走近崖画的时候，就立刻被画面中那种浓郁的生活气息所吸引。这里有放牧、狩猎、争斗、厮杀、舞蹈的形象，还有表演杂技的场面，内容极为丰富多彩。根据崖画反映的内容，对照文献资料与碳十四测试，崖画的年代距今三千年左右。

自 1965 年以来，云南已经发现二十三个岩画点，主要分布在该省的西部、西南部、南部和东南部的边缘地带，特别是主要河流附近的群山中。沧源岩画和耿马岩画位于澜沧江支流小黑江的两岸；匹河和腊斯底的岩画都在怒江及其支流附近；金沙江岩画位于金沙江沿岸；它克岩画位于元江的主要支流小河底河的源头；路南、弥勒、邱北、宜良等地的岩画，均分散在南盘江两岸；西畴和麻栗坡的岩画则在畴阳河畔。

（3）新疆阿尔泰山岩画

1965 年，新疆阿尔泰山岩画开始被发现。

中国境内的阿尔泰山脉，属阿勒泰地区，位于新疆的最北部，形状似三角形，东与蒙古交界，西和俄罗斯接壤。山间森林茂密，坡度平缓，气候凉爽，是理想的牧场，天然草场之广居新疆的第一位。

岩画分布在阿勒泰地区七个县、市，即阿勒泰市、青河县、富蕴县、福海县、布尔津县、哈巴河县、吉木乃县。主要在高山牧场、中低地区及转场的牧道上，部分河谷地带亦有所见。其多凿刻在褐色和黑褐色的岩石上，方向大都朝东向阳。制作的方法主要是用粗线条的阴刻，或以线条勾勒出画面的轮廓后，再进行凿刻或磨制。此外，在哈巴河县、吉木乃县和富蕴县也发现一些用颜色绘制的岩画，数量不多，主要在浅洞穴中。颜色有红、黑、白等。

阿尔泰山岩画的内容十分丰富，或表现古代的狩猎和游牧生活，或描绘久远的群婚制的情景，或追忆部落间的激烈争夺，或刻划劳动之余的欢乐，图解了大量的不为文献所记载的阿尔泰山地区古代的自然和历史情况，为了解和研究中国各族人民开发阿尔泰山及其周围地区，提供了丰富的形象资料。另外，岩画中出现的一些动物形象，如单峰骆驼、大象等，早已从阿尔泰地区消失了。因此，这些岩画就成为研究阿尔泰地区和中国西北部草原生态变迁史的珍贵资料。

阿尔泰山岩画创作于不同的时代。早期的作品，可能出自先秦时期塞种人之手，晚期则为唐代以后的突厥、契丹等族人民所作。阿尔泰岩画与内蒙古阴山岩画、蒙古岩画、俄罗斯西伯利亚等地岩画，在题材和创作方法上有许多共性，反映了古代亚洲北部草原文化的广泛交流。所以，阿尔泰岩画对研究整个亚洲北部岩画带的产生原因、形成过程和内容特点等，都有着重要的意义。

（4）宁夏贺兰山岩画

贺兰山是宁夏与内蒙古的交界山，为乌兰布和沙漠、腾格里沙漠、卫宁北山、银川平原所环绕。在贺兰山东侧约 30 公里的灵武水洞沟发现过旧石器时代遗址，出土了大量的古生物化石。

贺兰山岩画于 1969 年被李祥石在贺兰口发现，80 年代初公布。后经文物普查，在贺兰山东麓，北自石嘴山市，南至青铜峡市，又发现了许多岩画点。但以贺兰口岩刻发现得最早，图像也较集中，是贺兰山岩画荟萃之处。其特点是拥有多种多样的人面像（图五），几乎占全部岩画的三分之二。艺术风格

图五　宁夏贺兰山贺兰口人面像岩刻（拓本）

与中国新石器时代的彩陶和原始雕刻中的人面像相似，形象怪诞，面目各异，往往采用极其夸张的表现手法。这些图像有着明显的威慑作用，应是先民们崇拜的偶像。个别人面像旁还有西夏文的铭文。贺兰山岩刻除了人面像之外，还有描写狩猎、畜牧、舞蹈、祈祷等的场景，其中尤以动物图像更为出色。

　　贺兰山岩画分三类，即山前草原岩画、山地岩画、沙漠丘陵岩画。贺兰山南段的卫宁北山地区的沙漠、丘陵岩画，主要分布于其西部与腾格里沙漠毗邻的地方，所属岩画地点有中宁黄羊湾岩画，中卫苦井沟、大麦地岩画等。这一类型的岩画明显有别于山前草原岩画和山地岩画。岩画分布点的相对高度明显降低，岩画多分布于山梁裸露的基岩上，呈条带状分布，相当一部分被沙漠所侵漫。画面大小不一，有单体图案和组合图案，多采用敲凿法，少量使用磨刻法和划刻法。

贺兰山岩画分布在宁夏的石嘴山市、惠农、平罗、贺兰、青铜峡市、永宁、中宁、中卫。这一地区岩画的数量估计有万幅以上。

5. 70 年代的发现

（1）甘肃黑山岩刻

甘肃黑山岩刻发现于 1972 年。黑山屹立于嘉峪关市西北隅约 20 公里处，海拔 2800 米。翻过三道叠岩，沟谷渐开，相

图六 甘肃嘉峪关市黑山四道鼓心沟岩刻（拓本）

继出现四道谷形沟，岩画就刻在沟内绵延 2 公里长的崖壁上，共一百多处（图六）。画面通常刻制在黑色发亮的崖面上，图像以凿点组成，凿刻不深，刻痕呈黄色或褐色。技法虽很简单，但形象生动，具有独特的风格。题材以狩猎场景为主，大

部分是描写猎人们引弓围猎野兽的场景，所表现的人物往往比野兽小得多。在三幅反映狩猎的画面中，众多的猎人手持弓箭，共同围猎几头野牛和长角鹿。野牛扬起尾巴，竖起犄角，向猎人冲去，又似伺机逃窜，情节生动有趣。另一幅描绘的是操练（也可能是舞蹈），分上、中、下三层，人物均腰系短裙，露出小腿，头部皆有长长的饰物，好像是雉翎，显得极为威武。此外，黑山岩刻中的动物形象也很多，计有马、牛、羊、虎、鹿、骆驼、狗、鸟、野鹅、鱼、蛇等等。

（2）乌兰察布岩刻

乌兰察布岩刻发现于1972年。乌兰察布岩刻分布于阴山以北的乌兰察布草原上，在达尔罕茂明安联合旗及其与乌拉特中旗交界处，以表现畜牧的图像为主，见于画面的动物有马、牛、羊、狗、骆驼等，其中以山羊为最多。岩刻的制作，采用平面敲凿的方法，犹如剪影画。除一部分图像较写实外，有的则将若干图形连缀在一起，或简化变形，或上下压叠，组成各种样式的图案，具有明显的草原风格。它以几种抽象的纹样为基础，有时一个符号就表示一个动物，然后再进行极其丰富的变化组合，风格类似于我们在北方草原民族的青铜器上看到的纹样。

此外，在乌兰察布草原上，还发现有狩猎、放牧、舞蹈等表现人物活动的岩画，以及蹄印、脚印、车辆、人面像、小圆穴、文字符号、日月星辰、十二生肖等。乌兰察布岩刻数量多，内容丰富。根据目前的研究，创作年代的上限可推算到新石器时代，下限可到近代蒙古人，上下历经了数千年。

（3）内蒙古桌子山岩画

内蒙古桌子山岩画最早发现于1979年，位于鄂尔多斯高原的西部，主要分布在内蒙古乌海市。岩刻集中在桌子山的各山口，南北绵延约25公里。这里沟壑纵横，并有许多巨大的黑色岩石，质地坚硬而光滑。召烧沟是桌子山最主要的岩画点。它位于黄河以东12公里，北距乌海市13公里，岩刻就分布在沿着山沟南北两侧的坡地上。这里的磐石不仅大而且平整，好像是专门为艺术家准备的天然画布。此处约有三百个岩刻图像，基本上是人面像，而且集中在一起。这些变化无穷的人面像、兽面像、人神同形面像，与中国新石器时代原始艺术品中有关的图形极为相似。他们的表情有的欢乐，有的忧伤，有的惊讶，有的恐惧。虽然这里也有太阳、星星、动物、同心圆等其他图像，但数量众多的人面像、动物面像和人神同形像，仍使这一小小的地区成为一个真正的人面像岩画博物馆。

（4）连云港将军崖岩画

70年代末，在江苏连云港发现了将军崖岩画。虽然20世纪初曾在福建华安发现仙字潭摩崖石刻，30年代末又在香港发现古石刻，但人们对中国东南沿海的岩画还没有引起足够的重视，对它的研究也远未充分。只是在连云港将军崖岩刻发现之后，人们才将目光投向东南沿海地区。

连云港将军崖岩刻的位置，是在锦屏山南侧的入口处，那里有一黑色发亮的巨大石坡，岩刻内容有人面像、农作物、兽面纹以及各种星图符号等等。根据岩刻所处的地理位置，结合其他因素分析，这里可能是先民们原始宗教活动的场所。

岩刻的内容与分布都是经过有意安排的，星象、鬼面的两组刻制在朝南的一侧，人面像的一组刻制在朝西的一侧。人面像中最大的一个高0.9、宽1.1米，头饰为几何形图案，眼睛用多根线条勾勒，从耳朵到脸颊和嘴角由许多短线条连接，可能是表示纹面。所有的人面像都有一根长线条，从额头到面颊，一直连到下面的禾苗或农作物上。第二、三组岩刻以兽面纹和类星象图案为主。我们在这里发现许多兽面像简略而粗陋。此外，就是兽骨和鸟头，以及其他各种符号。最为突出的是天体图像，有太阳、月亮、星星，其中一条长 6.25 米的带状图形，很像是银河星云的图案。农作物的图像在岩刻中出现，表明当时的人们已开始从事农耕生产。而岩刻中大多数似乎是长在农作物的顶端的人神同形的头像，反映了先民对于土地和太阳的崇拜，是原始人祈求丰收的一种表示。

还有一件事需要提及，与这三组岩刻略呈等距离的地方，有一块大石头和两块小石头，搭成平台的样子。1957 年，原来的三块石头被人推下去了一块，另外两块至今犹存。这和《周礼》、《三国志》等书中关于社神的记载十分相像，可见这里自古以来就是祭祀的圣地。

连云港市将军崖岩画于 1979 年被发现之后，即以其特有的古老、质朴的艺术风格和较高的学术价值吸引了许多学者的注意。后来，又在连云港的大伊山发现了岩画。锦屏山、大伊山原都临海，山坡台地上遍布着新石器时代直至两汉时期的遗址。锦屏山将军崖和大伊山岩画中的人面像、农作物、太阳、星光、古船、女人形象，以及当时人们虔诚的宗教活动等场面，构成了一幅连云港的先民们原始村落的生活画卷。其中的船形岩画，当与东南沿海先民的航海和渔猎生活紧密相关。

（5）贵州的崖壁画

70 年代以来，人们相继在贵州关岭、开阳、贞丰、丹寨、长顺等地发现了岩画。有关部门和专家也对这些岩画进行了实地考察、资料搜集和研究等工作。

据说，50 年代六枝县政府曾经对六枝的桃花洞岩画拍过照片。由于当时人们还不知道这些图片的史料意义，因而未能加以妥善保存。幸亏后来六枝特区民族事务委员会的吴立升同志又在现场补拍了一点残留的图像，才算为这一宝贵的文物保留了一些形象资料。

迄今为止，贵州境内已有多处发现了岩画，主要分布在开阳、长顺、关岭、贞丰、六枝、丹寨等六个县境内。它们是开阳县的画马岩岩画，长顺县的傅家院岩画（包括平寨乡傅家院红崖洞和白崖洞崖画），关岭县的马马崖岩画（花江崖壁画）、牛角井岩画，六枝特区桃花洞岩画，丹寨县银子洞崖壁画，贞丰县七马图崖壁画。其中贞丰、六枝、丹寨三县的岩画基本上已不复存在，虽然在岩壁上还能够隐隐约约地看到一些残存的图像，但是已经无法拍照、摹写了，而开阳、关岭、长顺三县的岩画则保存得比较完好。

关岭县的普利下瓜寨濒临北盘江上游的花江段。江两岸壁立千仞，陡如刀削，岩画即分布于下瓜寨附近的崖壁上。花江岩画最大的一处，当地人称马马崖。岩画全以赭红色绘成。有人解释这幅画面表现的是年轻的骑手扬鞭跃马跑在前面，其他马匹紧跟在后。孩子跟随大人外出，情态雀跃。妇女留在住地烧饭，不能上山的小女孩，伴着母亲载歌载舞。这是一幅洋溢着浓厚的生活气息的岩画（图七）。牛角井的岩画，画的都是人物，均以个体出现，彼此没有联系。人物动态多为双手高举，似欲腾飞，可以理解为向天祈祷，大概含有某种宗教意义，制作的年代也可能较早。

（6）台湾万山岩雕群

台湾万山岩雕群发现于 70 年代末期。台湾屏东师范学院

1

2

图七　贵州关岭县马马崖岩画（摹绘）

教授高业荣，在他的近著《台湾原住民的艺术》里谈到万山岩雕群发现的经过时说：二十年前在台湾南部一个师范学校里，一个鲁凯族的学生曾向他提到一件不寻常的事，说在高雄茂林乡的深山中，有两块刻有花纹的巨石。他对此产生了好奇心，经过三年的探查，才在浊口溪的上源找到了传说中的古老岩雕，后来又发现了第三块。他遍查所有的文献都没有见到这方面的资料，因此断定这三座岩雕是前所未有的新发现。他想找寻岩雕所表达的意义，但没有人能回答。

鲁凯族万山旧部以北的孤巴察娥、祖布里里和莎娜奇勒娥三座岩雕，坐落在台湾高雄县浊口溪上游险峻溪谷的两岸。最大的那座，鲁凯话叫"孤巴察娥"。其中正面的全身人像高度在 1.5 米以上，人像的头部有长短不一的叉状物。人物的双臂高举，两腿略弯，没有脚。根据鲁凯人的传说，高雄、屏东、台东三县交界的大鬼湖，是他们祖先的发祥地。岩雕中的这个人像，大约就是他们的祖先（湖神）的象征。因为高山湖面经常雾气弥漫，所以就没有刻出脚来。从这个传说看来，万山岩雕群应与祖先崇拜有关。

祖布里里刻有二十七八个脚掌纹，自左向右旋转，其间夹杂有圆点凹坑。岩石的侧壁还有一个单独的脚印。莎那奇勒娥岩刻很难辨认其内容。顶端有两个凿刻的凹坑，坑下有十几条曲线，向下蜿蜒，还有少数三角形、方格子，以及数不清的凹点，有的呈星云状排列。孤巴察娥岩刻规模最宏大，内容最为丰富。岩刻的题材，有人面像、全身人像、重圆纹、圆涡纹、曲线纹、蛇纹、凹坑及密集的小圆穴，是三个岩画点中内容最为丰富的一个。这三处岩刻的存在都与原始宗教密切相关，看起来又有共同的文化特点。

6．80 年代的发现

（1）内蒙古白岔河岩画

内蒙古白岔河岩画最早发现于 1981 年。白岔河是西拉木伦河的源流之一，发源于内蒙古和河北交界处的七老图山脉。那里有许多陡峭的悬崖和突兀的巨石，岩石多平滑，表面被一层叫"岩晒"的深褐色物质所覆盖，这为岩刻的制作提供了很好的自然条件。白岔河岩画主要分布在内蒙古昭乌达盟克什克腾旗，题材有鹿群、野猪、猛虎、骆驼、家犬、马、鸟、人物、人面像、星云图案等。人物活动主要是描绘狩猎或舞蹈的场面。另外，人面像也很突出，有的则有完整的脸部轮廓线，有的则只刻出眼睛和眉毛。

岩画除个别以红色涂绘外，大都采用凿刻的手法。凿刻的线条优美，打磨光滑，风格自然，艺术性很强。这批岩画数量较多，技巧与风格的差别也很大，可能为不同民族的、不同时期的艺术家们所作，制作年代当与这一地区的红山文化和夏家店下层文化有关。

（2）巴丹吉林沙漠岩画

巴丹吉林沙漠岩画最早发现于1984年。首先在雅布赖山布布岩洞中发现了七个手印。1985年11月，在龙首山的桃花山发现几幅岩画。1986年8月，又在龙首山发现岩画多幅。1986年到1987年间，阿拉善右旗文物普查队两次到曼德拉山去普查。1987年5月，这个普查队又在阿拉善右旗阿拉腾敖包苏木笔其格图、阿日格楞台，塔木素巴布拉格苏木的海口罕山，孟根布拉格苏木布敦苏海、苏海赛等地发现岩画。

巴丹吉林沙漠岩画，目前发现的主要分布在曼德拉山。曼德拉山是一座由荒漠草原围绕着的孤山，位于雅布赖山的东北。"曼德拉"是蒙古语，意思为升起、兴旺、腾飞。曼德拉山岩画具有极为密集的特点，分布在东西宽3、南北长5公里的深山之峭壁、岩盆、巨石、悬崖或突兀的岩石上。根据不完全统计，现已发现六千余幅，数量之多在其他地区是很少见的。

根据岩画的风格特点、题材内容、色泽及当地水文等资料推测，其年代约从新石器时代始，历经唐、宋、元、明、清各代，作者有匈奴、突厥、党项、蒙古等民族。在漫长的岁月中，各民族人民在这块土地上留下了丰富的文化遗存，同时也在很大程度上揭示了他们以游牧为主的经济生活和其他各方面的情况。

（3）甘肃祁连山岩刻

中国西部的昆仑山，大体呈东西走向，共分三支，其北支为阿尔金山，自阿尔金山以东即称祁连山。祁连山山脉绵延于甘肃、青海两省之间。1983 年，在甘肃肃北蒙古族自治县发现了祁连山岩刻。

祁连山岩刻中发现较早的有大黑沟布尔汗哈达、野羊沟、七个驴沟和灰湾子等岩画点。

大黑沟实际上是一个河谷，布尔汗哈达是蒙语"花佛山"的意思，大概在古人心目中是很神圣的地方。大黑沟岩刻现在发现的共有三十四幅画面，一百九十四个图形，是用凿刻得很浅的无数小点构成的。大部分是描绘打猎的场景，有的人物骑马射箭，有的手持长矛，有的头上有羽毛饰物，也有的戴尖顶宽沿帽。动物形象有虎、大象、野牛、大角羊、骆驼、梅花鹿、狗等。野羊沟岩刻的制作方法与大黑沟相同。其共有九幅，除野牛、大角羊形象外，还有骑马和持杖的人物。灰湾子和七个驴沟的岩刻，由于石质出现自然变化，画面产生独特的艺术效果，图形的线条由凹陷变成凸起，犹如浮雕一般。灰湾子有两幅岩刻，二十二个图像。七个驴沟有十幅岩刻，七十四个图像。其中最大的一幅高 4、宽 3 米。一只骆驼图形高0.94、宽 0.7 米，很有气势。

（4）青海哈龙沟和舍布齐沟的岩刻

哈龙沟岩刻发现于 1982 年，位置在青海海北州刚察县，是该省岩画中发现最早的一个。"哈龙沟"藏语的意思是鹿沟，地势较平缓，沟口有几个干涸的小湖清晰可辨。从地貌和牧草生长的情况看，过去这里可能是一片沼泽或湖泊。岩刻发现在沟的中段，海拔 3500 米的花岗岩石山上。石山藏语叫"扎西德本"，是"十万吉祥部落"的意思。崖面呈红褐色，在阳光照射下，图像若隐若现，当地藏民对此有仙人显灵的传说，现在也还有人在此祭祀。

哈龙沟岩刻的内容，是各种各样的动物，其中尤以鹿的形象最为突出。这或许就是此沟被称为"鹿沟"的由来。表现的方法是用钝器（或花岗岩石块）在崖壁上磨刻，线条没有明显的凹陷。由于崖面和凿磨的线条都被氧化层覆盖，它们之间的区别只是线条的颜色浅于崖面，所以图像尚能依稀可辨。表现方法原始，在雨水极端稀少的青海高原，岩刻表面竟能形成氧化层，这些都是创作年代相当久远的证明。

（5）舍布齐沟岩刻

青海舍布齐沟岩刻发现于 1985 年。它位于海北州刚察县泉吉乡立新大队石甫滩南舍布齐沟口的山顶上。岩刻因风蚀剥落，仅存二十三幅图形，主要内容是动物形象和狩猎场面。其中一幅"射猎图"，表现一个骑手弯弓搭箭追捕一头牦牛。牦牛画得很大，浑身茸毛，正在奔逃。猎手和坐骑都画得很小，仅为牦牛的三分之一。古代岩画中普遍存在夸大动物形象的现象，当与原始时代的动物崇拜有关。岩刻制作采取敲凿法，造型准确，打制精细，结合猎手使用的弓形和腰佩的箭囊分析，应是古代游牧民族的文化遗存。历史上以游牧为主活动于青海

图八　青海刚察县舍布齐沟岩刻（摹绘）

地区的少数民族很多，这里发现的岩刻可能与羌、吐谷浑这两支少数民族有一定的联系（图八）。

（6）新疆昆仑山岩刻

新疆昆仑山岩刻发现于 1985 年。岩刻位于且末县东南约180 公里处的昆仑山脉木里恰河出山口的半山腰处。岩刻大部分集中在木里恰河东岸。往下游走约 1 公里，在西岸也有一些岩刻。从河岸山脚 20 米到 80 米高处的大小不同的黑色岩石上，凿刻着几千幅岩刻，但因风雨侵蚀，画面损坏严重，现在大部分已难以辨认了。

岩刻的内容很丰富，有狩猎、舞蹈、战斗等场面，以及动物、植物、手印、脚印、几何纹样和各种符号。动物图像几乎占全部岩刻图像的百分之六十，其中羊的形象约占一半。其他动物有牛、马、鹿、狗、熊、虎、狐狸、鸟、鹰、蝌蚪、蛇等。这些动物图像既反映了古代昆仑山地区的生态环境，也体现了先民们对动物的崇拜。岩刻中还有许多狩猎和放牧的场面。此外，手印在昆仑山岩刻中也很突出。图案符号占很大的比重，图案则几乎全是几何纹样，有圆圈纹、旋涡纹、方格纹、菱形纹、波折纹、三角纹、倒三角纹等。这些纹样与青海马家窑文化彩陶上的纹饰有相同或相似之处，但有的又有本地的特点。如倒三角纹多达九列，颇似齐台县半截沟彩陶上的倒三角纹。昆仑山岩刻螺旋纹和菱形纹中最大的一幅高16、宽62厘米。图案符号刻在岩石的顶端，方向朝上，对着天空。

（7）新疆呼图壁岩刻

新疆呼图壁岩刻发现于1987年。岩刻所在的地点叫雀儿沟康家石门子。在周围的青山蔓草之中，有一处山色赭红的崖壁，壁上即雕刻着巨幅岩刻。岩刻画面东西长14、高9米，画面最上部的图像，距地面高达10米以上。在这120平方米的范围内，从上到下，从左到右，布满了大小不等、身姿各异的人物形象，总数达二三百人。这些人物形象，大的高度超过真人，小的只有一二十厘米。它是迄今为止，在新疆地区发现的画面最宏大、时代特征鲜明、思想内容丰富的岩刻作品。

呼图壁的这幅岩刻犹如凝固在崖壁上的大型群舞造型。画面的最上方是一列巨大裸体女性舞蹈像。其身体修长，两臂翻腾，双脚蹬跳，表现出女性们轻松、愉悦的心情。男性的手部动作，或如女性，或双手上举，也有的双手或单手把持着生殖器。其中有的男性，生殖器画得特别大，长度几乎与人等，在左手的把持下，直指后面伫立的女性的阴部。有两幅画面则明确地表现了男女交媾的动作。在明显表示男女交媾的画面下，刻有数十个小人，表达了人们对于生命繁衍、氏族昌盛的愿望。在这里我们可以明显地看出，岩刻的原始舞蹈场面所表现的是对异性的追求和对子嗣生育及种系繁衍的关心和祝愿。

有关学者认为，呼图壁岩刻当完成于公元前 1000 年的前半期，和新疆地区父系氏族社会兴盛的时期相当。

（8）西藏岩画

在藏、汉文史籍中，似乎未曾见有关于西藏古代岩画的记载。此前我们所知有关西藏岩画极少的线索，主要是出自西方人士的记录，如意大利人奥夫施莱特（Peter Aufshnaiter）在他的一篇报告中提到，拉萨附近曾发现在大圆石上画的动物（可能是马）形象[3]。另一位意大利学者杜齐则在他的《西藏考古》一书中提到，在拉达克和西藏西部、后藏及藏东地区发现"岩石雕刻"图案。他说："在巨大花岗岩石上的雕刻物一般是动物，经常出现的是大角野山羊，还有骑在马背上的人，进行战斗的武士，后期还有塔的雕刻物。"此外，在弗朗科的著作中还曾提到西藏西部地区的岩画，但是我们目前还不知道确切的地点。

1985 年 9 月中旬，西藏自治区文物管理委员会阿里地区文物普查队，终于在日土县首次发现岩画。而大规模的岩画发现则始于 90 年代初期。1990 年，考古工作者在藏南定日的高山牧场发现了两处岩画点并发表了调查报告。次年，在雅鲁藏布江北岸的昌果沟发现一处岩画点。同时，在当雄纳木错湖又发现数处岩画点。1992 年发现的岩画包括西部地区的日土、革吉、改则和藏北地区的文部、申扎、班戈、那曲、索县，以及藏东南地区的八宿、墨脱等县境内数十个地点的三百多幅画面。1994 年，又在西部地区的利达发现两处岩画点。迄今为止，西藏高原共发现古代岩画地点近六十处，其分布区域几乎遍及整个高原。这些记录了高原古代先民物质生产和精神活动的形象化资料的发现，不但丰富了西藏原始艺术的内容，而且也为中国岩画增添了崭新的一页[4]。

(9) 广东珠海高栏岛石刻画

在福建华安仙字潭岩刻发现七十多年之后，1989 年，梁振兴在珠海市高栏岛宝镜湾发现岩刻。广东珠海岩刻虽然发现得最晚，但从其宏大的规模、丰富的内容和艺术的完整性看，不仅是东南沿海岩画之最，而且在全国的岩画中也是非常突出的，可以说是"南海明珠"。

岩刻位于高栏岛南部的宝镜湾。其依山面海，山光水色，风景绝佳。宝镜湾系因海滩的坡石上有一幅岩刻形似宝镜而得名。湾内的宝镜石、大坪石、天才石等岩刻或因天长日久，风化侵蚀，或因他故而被毁坏。只有藏宝洞的两幅，刻凿在半山的一个天然岩洞里，保存较好。这个岩洞是由天然石块堆叠而成的一座品字形的"岩厦"。东壁最大的一幅，画面高 3、长 5 米，为阴纹凿刻，线条清晰。细细辨认，可以看出几种形态的裸体人物和船形，还有蛇纹、鸟纹、云纹、雷纹、波浪纹及其他图案、纹饰和符号等。画面构图完整，形象繁多而又离奇。

岩刻用粗线条勾勒的全身男人像，双手上扬，似呈舞蹈状。旁边另有男人立像和女人坐像。男女均裸体，性征都很清楚。另有小型人物在波浪之中作戏耍跳跃的样子。岩刻中最突出的是船形图像，船身有华丽的装饰，周围有翻滚的波浪，图案繁密犹如中国古代青铜器上的装饰纹样。作品表现了一支在海上乘风破浪前进的大型船队，周围波涛汹涌，浪尖上跳跃着弄潮儿。

7. 发现仍在继续

（1）云南金沙江岩画

长江上游的金沙江岩画是一个很重要的发现。在1988年至1989年间，金沙江流域的云南中甸县境内首先发现崖画。1991年，云南省社会科学院东巴文化研究所派和力民等赴丽江境内的虎跳峡考察，也发现了一些崖画。但由于中甸岩画点地势险要，尚未确定，而虎跳峡岩画点的图像又很模糊，极不清晰。因此，人们对金沙江流域是否存在古代崖画的问题持怀疑的态度。

1992年8月底，和力民等再次赴金沙江寻访，终于在丽江县宝山乡夯桑柯发现了三个岩画点，证实了金沙江流域古崖画的存在[5]。

在金沙江流域的中甸、丽江、宁蒗三县境内先后发现三十多个岩画点，其中夯桑柯岩画点由于地处偏僻，环境险恶，又位于干燥通风的岩洞内，受到自然和人为的破坏较少，所以崖壁画的图像较为清晰完整。其所反映的内容更为典型，在金沙江崖画研究中，具有较为重要的价值和意义。

"夯桑柯"纳西语意是淘金沙的地方，因古代曾有人在此淘金沙而得名。它位于从南向北流去的金沙江畔。其南面，即江上游，是丽江县宝山乡柱古行政村和大具乡的虎跳峡段。夯桑柯在一条大峡谷间，两边的高山像两把利剑，直插云端。金沙江犹如一条土黄色的飘带，缠绕于高山与深谷之间，而蓝天则被高山挤压成了一条缝，真可谓是"抬头看见一线天，低头看到一条江"。

金沙江岩画中，有一幅描绘了一头牛，背部插有一枝箭。另一幅岩画中所描绘的动物在日本学者中引起了争议，有的说是表现了一头犀牛，有的说是一只野猪，而有的则认为是一种神灵动物。它有着犀牛的嘴和尾巴，却有着大象的躯体[6]。

有的学者认为，在长江上游的金沙江发现的岩画，是云南境内目前发现的最为古老的岩画。岩画表现的几乎都是野生动物，很少有人类的形象。这些作品很可能是云南艺术的创作原型。

（2）贺兰山的彩绘岩画

90年代中期，在宁夏平罗贺兰山腹地白芨沟上田村的一处岩洞中，发现了用赭石颜料绘制的彩色岩画。

这是一个坐北朝南的天然洞窟，洞口宽约40、高约20、进深约35米，可容纳数百人。洞窟前方山势开阔，有山泉从旁边流过，自然环境优美。彩绘岩画分布在岩洞东侧呈斜坡形岩石夹缝的层面上，共三十一组，其中凿刻岩画一组，约有近百个单体形象和符号。

这批彩绘岩画的内容大体上是纪实性的，描绘了当时人们的生活场景和所见所闻，有人物形象、牧场生活，以及赛马时的热烈场面。人物头部有羽毛和飘逸的饰物，显得格外潇洒。此外，岩画中有北山羊、马、狗、蛇的形象，还有对太阳崇拜的描绘及符号和空心手印。内蒙古、新疆、宁夏、云南等地也发现有手印岩画，但都没有这次发现得多，也没有如此密集。空心手印岩画，制作于岩洞夹缝的顶部，离地面约3米，现见到十八个，可分辨出左、右手。制作方法是用骨管或芦管蘸上颜料，然后把手按在岩石上，将颜料吹到岩壁上，留下空心手印。早期的空心手印是黑色的，可能是用木炭粉末掺黏合剂制成颜料，现仅存两个。后期的空心手印则采用赭色颜料绘制。

贺兰山的洞窟彩绘岩画，是中国北方地区继新疆、内蒙古等地发现彩绘岩画之后的又一重要发现[7]。

（三）中国岩画分布的三个系统

由于生态环境的影响，从原始时代起，中国就存在北方和西北草原民族的游牧文化，黄河流域以粟、黍为代表的旱地农业文化和长江流域及其以南的以稻谷为代表的水田农业文化，以及东南沿海的以渔捞业为代表的海洋文化。

中国岩画的分布大体与上述的多种民族传统文化一致。根据岩画作品的内容与风格，以及其所处的文化地区，大致可以划分为北方、西南、东南三个系统。

北方系统的岩画主要分布于内蒙古、新疆、宁夏、甘肃、青海，内容以动物为主，风格较写实，技法大都是凿刻。它是中国北方草原地区的狩猎、游牧民族的作品。西南系统的岩画，主要分布在云南、广西、贵州、四川，题材以人物为主，宗教活动是其主要表现的内容，表现技法则以涂绘为主。西藏地区的岩画，基本属于北方系统，内容以反映狩猎与畜牧的生活为主。由于它与中国西南地区的一些省份毗邻，某些作品又带有西南系统岩画的风格，有部分岩画也是由红色颜料绘制的。鉴于其地理位置，这里把它放在西南系统中叙述。东南沿海地区的岩画，分布在江苏、福建、广东、台湾和港澳等地，内容大都与古代先民们的出海活动有关。其以抽象的图案为主，并采用凿刻的技法。以上三个系统岩画的分布范围和数量，都是很不相同的。北方系统的岩画分布范围最大，数量也最多。东南沿海地区岩画虽不能与之相比，但不管在内容上还是形式上却能自成体系。

现在中国岩画以其分布广，数量多，已成为世界岩画的重要组成部分。中国目前发现岩画的地区，东起大海之滨，西达昆仑山口，北至大兴安岭，南到左江沿岸，包括二十个省区，遍及一百个以上的县旗。其中绝大部分发现在少数民族地区，多为古代少数民族创作。

1. 北方系统

主要分布在中国的北方和西北地区，包括黑龙江、内蒙古、山西、宁夏、甘肃、青海、陕西、新疆等省，内容以动物为主，风格较写实，技法大都是岩刻，为北方草原地区的狩猎、游牧民族的作品。其中著名的有内蒙古的阴山岩画、乌兰察布岩画，新疆的阿尔泰山岩画、天山岩画、昆仑山岩画，甘肃的黑山岩画，宁夏的贺兰山岩画等等。

（1）黑龙江

海林县牡丹江岩画位于黑龙江省海林境内柴河公社群力大队，在牡丹江右岸。岩画以表现人物、船只和鹿为主，反映的是渔猎生活方式。岩画为红色涂绘。

（2）内蒙古

① 额尔古纳左旗

交唠呵道岩画位于黑龙江上游支流额木尔河上源克波河源头之一的交唠呵道小河畔的岩沟内。"交唠呵道"在鄂温克语中的意思是石垃子。岩画中绘制了马鹿、驼鹿、麋鹿、驯鹿等动物形象，还表现了猎人和猎犬。画面处在岩缝间，以赭红色涂绘。

② 额尔古纳右旗

阿娘尼岩画位于额尔古纳河右支流的牛耳河（贝尔茨河）支流阿娘尼河的悬崖上。"阿娘尼"在鄂温克语中的意思是画。岩画的内容有鹿和人，以及围猎的场面和反映原始宗教观念的萨满教的法器，亦为红色涂绘。

③ 克什克腾旗

Ⅰ. 白岔河岩画

白岔河岩画位于昭乌达盟克什克腾旗与河北围场县交界处的七老图山脉。1981 年，发现九处四十八组岩画，为永兴岩画、板石房岩画、榆树林子岩画、广义岩画、乌兰坝底岩画、双合岩画、大河隆岩画、胡角吐岩画、沟门岩画、哥佬营子岩画等。

Ⅱ. 砧子山岩画

砧子山岩画位于克什克腾旗西部，距达里诺尔湖北岸 5 公里的砧子山东南侧石崖上。岩画描绘了人物，以及马、鹿、虎等动物的形象。

④ 赤峰市

赤峰郊区有阴河、英金河流域的岩画，以人面像为主，形象颇具特色。

⑤ 苏尼特左旗

内蒙古锡林郭勒盟的苏尼特岩画，内容相当丰富。岩画最为集中的是呼和楚鲁岩画点，现已发现的岩画近千幅。以动物形象为主，同时还有骑者、天体、文字、马镫，以及舞者、男女交媾等画面。主要运用凿刻和磨刻两种表现方法。

⑥ 察哈尔右翼后旗

其西与四子王旗毗邻，北与锡林郭勒盟的苏尼特右旗相邻。在这三旗相连地带的低山丘陵区，共发现岩画点八处。岩画图像清楚，作画方法有磨刻和凿刻，内容为动物和人物，有个体形象，也有群体画面。铭刻均为与宗教活动有关的六字真言。另外，还有一组菱形莲花纹图案。

⑦ 达尔罕茂明安联合旗

乌兰察布岩画主要分布在达尔罕茂明安联合旗。

Ⅰ. 推喇嘛庙岩画

推喇嘛庙的岩画分布在四十二个岩画点上,是乌兰察布岩画主要分布的地区。

Ⅱ. 沙很岩画

沙很在达尔罕茂明安联合旗百灵庙东北部。这一带的岩画分布于四个地点。

Ⅲ. 南吉板登岩画

南吉板登位于达尔罕茂明安联合旗之北,满都拉苏木东北。这里丘陵连绵,有五个岩画点。

⑧ 固阳县

长城岩画分布在老兔沟至阿贵沟长约 3 公里的长城上,共计百余幅,凿刻在长城内壁之上。主要用敲凿法加工,兼用磨刻和用金属有刃器刻划的方法。

⑨ 乌拉特中旗

在已调查过的阴山狼山岩画中,乌拉特中旗岩画,无论从哪一方面来说都是主要的。其年代有早有晚,大多属于青铜时代,只有个别属晚期。

Ⅰ. 几公海勒斯太岩画

几公海勒斯太岩画位于乌拉特中旗的西南部。这里不仅是岩画最集中的地方,也是阴山岩画最东点。这一带的岩画共有十八个地点,年代大约是从青铜时代到铁器时代。岩画一般分布在山南的山腰至山顶的光滑黑石上。

Ⅱ. 韩乌拉山峰岩画

"韩乌拉"意为众山之王。这里是我国古代北方民族与汉民族频繁接触的地区，至今仍遗留着他们活动的遗迹，如石围墙、墓地等。这一带的岩画分布在二十二个地点上。

Ⅲ．乌珠尔岩画

乌珠尔岩画分布在七个地点。其岩画内容以动物为主，其次是牧人、舞蹈者的形象。

⑩ 乌拉特后旗

在乌拉特后旗的各条山沟里，凡适于作画的地方差不多都能够发现岩画（图九）。这些岩画有的年代较早，也有些是青

图九　内蒙古乌拉特后旗大坝沟岩刻

铜时代匈奴人的作品，有些甚至是现代蒙古喇嘛的作品。在这些岩画中最精彩的作品是山贵沟、东支沟中的虎群岩画。乌拉特后旗的大坝沟岩画，分布在三十三个岩画点上。这一地区的地势较高，海拔都在 1500 米以上，而大坝沟以西的高山，海

拔高约 2300 米，为狼山海拔最高的地段。

⑪ 杭锦旗

主要包括炭窑口及其附近的岩画。炭窑口是炭窑沟的南口，第 1 地点至第 14 地点都在炭窑口附近。炭窑口西北约 40公里处是查干温都尔，这一带的岩画为第 15 地点至第 21 地点。查干温都尔西南约 16 公里处名叫呼和温都尔（当地人称格和温都尔），那里的岩画被编号为第 22 地点和第 23 地点。炭窑口往东不远是红山沟，在沟的南口石壁上也有岩画。其编号为第 24 地点。

⑫ 磴口县

磴口县岩画在阴山岩画之中居于重要地位，不仅时代早，而且题材丰富，分布密集。

Ⅰ. 哈日干那沟及其支沟的岩画

其分布在磴口县西北及与乌拉特后旗毗邻的地方。

Ⅱ. 格尔敖包沟岩画

岩画点由哈日干那沟南口，顺着巴盟的临河至额济纳旗的公路西行可至。岩画均为凿刻，比较有特色的是它反映了祭祀、围猎及狩猎的生活场面。

Ⅲ. 默勒赫图沟岩画

默勒赫图沟及其附近地区岩画从内容方面看，是以各种人面像为主要题材的。

Ⅳ. 托林沟岩画

托林沟全长不过 15 公里左右，发现的岩画却有千幅以上，是阴山岩画最密集的地方。岩画主要表现了动物（包括带有幻想性质的动物形象）、骑者、人面像和符号。

Ⅴ. 阿贵沟岩画

其内容以各种羊的形象为主，还有许多野生的动物，如狐狸、兔、狼、牦牛、鹿、驼鹿、野马等。也有驯养的家畜，如狗和马等。人物有骑者、猎人（多执弓）等。此外，还有人面像和星辰等内容。

Ⅵ.乌斯台沟岩画

其位于磴口县西北部，内容十分广泛，其中比较有意义的是人面像、攻战、祈雨、媚神和娱神的舞蹈（双人舞），以及男女生殖崇拜等方面的内容。

Ⅶ.额勒斯台沟岩画

"额勒斯台"为沙漠之意。这一带岩画的内容比较丰富，但以人面像为主。

⑬ 乌海市

乌海市桌子山岩画广泛分布在桌子山西麓各山口及其附近，地域上与阴山西段狼山地区毗邻，在古代也是游牧、狩猎民族活动的地方。因此，两地岩画在题材内容、风格及表现方法等方面都有相同之处。乌海市岩画主要分布在召烧沟、苦菜沟、毛尔沟、苏白音沟、雀儿沟等地，内容尤以人面像最为突出（图一〇）。

⑭ 阿拉善左旗

阿拉善左旗东部一带，岩画分布得比较集中，但以小幅为主，大幅画面极为罕见。岩画的题材以各种野羊和骆驼为主。

⑮ 阿拉善右旗

主要包括巴丹吉林沙漠岩画，具体如下：

Ⅰ.曼德拉山岩画

曼德拉岩画位于阿拉善右旗孟格布鲁格苏木西南约14公里处。这一带的岩画内容以动物形象为主，有北山羊、盘羊、

图一〇 内蒙古乌海市召烧沟人面像岩刻

岩羊、羚羊、绵羊、黄羊、藏羚羊等，马、家犬、驼（双峰驼和单峰驼）、野牛和家牛，以及鹰、鹿、鸭、狍子、虎、牦牛、狼、野猪、驴、猫、燕子和蜘蛛等。另有一幅极为珍贵的表现古代部落帐幕的岩画。

Ⅱ. 苏海赛岩画

其位于曼德拉山之西约 10 公里处。岩画除动物、人物外，还有以花卉、菱形方格组成的图案。有一幅画面由三个图案化的人形组成，中间一人为女性，可能是表现"生育之神"。

Ⅲ. 雅布赖山布布岩画

该岩画点在阿拉善右旗东南部的雅布赖山上。岩画以手形为主，系用土红色颜料以吹管喷成。

⑯ 额济纳旗

额济纳旗的岩画分布在温图高勒苏木嘎顺德盖地区。这里的岩画为居延岩画，共有五个岩画点。手法以凿刻为主。岩画内容除动物外，还有骑马者、骑驼者和马靴的图案，以及一些原始文字和其他符号。

（3）山西

吉县柿子滩岩画位于距黄河2公里的柿子滩上，这里曾发现一处中石器时代的遗址，岩画就位于遗址后面的岩壁上。岩画图像为涂绘而成，风化严重，但形象尚依稀可见。

（4）宁夏

① 石嘴山市

Ⅰ.麦如井岩画

麦如井岩画是贺兰山最北端的一个岩画点，一般画面较小，多为个体图案，组合的图案极少。画面以动物居多，也有个别的人物、植物或符号图案。岩画采用敲凿和划刻两种表现方法。

Ⅱ.黑石峁岩画

其分布比较集中，主要采用敲凿法，少量为磨刻，个别采用划刻法。

Ⅲ.韭菜沟岩画

这一带的岩画中有虎的形象，体态强健，身上饰有条纹，为双钩刻线。除动物外，还有塔的图像。

② 惠农县

Ⅰ.翻石沟岩画

这一带的岩画相对集中，分布在沟口外的乱石滩上。个体画面居多，少量为组合图案。岩画的内容主要是动物。

Ⅱ.大树林沟岩画

其位于翻石沟南侧1.4公里处，岩画主要分布在沟口开阔的乱石上。画面个体图像居多,内容以动物为主,也有人物和车轮的形象。此外,还有人面像。

Ⅲ.小树林沟岩画

小树林沟为一狭窄山谷。这里凿刻有北山羊、岩羊和马等动物形象。另有围猎图,画面中的猎人系有尾饰。

Ⅳ.扁沟岩画

扁沟岩画位于树林沟旁的一条山沟中,分布在山前洪积扇上。岩画内容有动物、人物和符号。

③平罗县

Ⅰ.龟头沟岩画

龟头沟旧称"归德沟"。岩画多朝西,保存较差,有相当一部分脱落或不清楚。基本上采用敲凿法,凿点大而深,图像粗糙且不规范。岩画内容主要以动物为主,也有个别人物图像。

Ⅱ.白芨沟岩画

这是贺兰山惟一的一处彩色涂绘岩画,位于白芨沟一个天然石洞的东侧岩壁上。岩画以红色涂绘,共有三十七组,一百余幅。人物形象中有征战的乘骑者和狩猎的猎人,动物形象包括北山羊、蛇、狗等。这里的岩画还表现了生殖崇拜和太阳崇拜的内容。另有手印、标识和符号。

Ⅲ.大西峰沟岩画

西峰沟又称"西伏沟"或"西佛沟",位于平罗县和贺兰县交界处,共有八个岩画点。岩画内容有人面像、人物和动物等。

④贺兰县

Ⅰ.小西峰沟岩画

内容以动物为主,制作手法多为凿刻,也有个别的使用磨刻方法。

Ⅱ. 白头沟岩画

沟口有一小山梁将沟的出口分成两部分，北口俗称叉子渠，岩画分布在叉子渠渠口的北山坡的拐弯处，均面向东南。画面中，除凿刻了羚羊、岩羊、北山羊、雀鸟等动物形象外，还有牧马图，其中的人物系有尾饰。

Ⅲ. 插旗口岩画

其位于贺兰县金山乡金山村的贺兰山东麓，内容有人面像、符号和动物。

Ⅳ. 贺兰口岩画

其沟口开阔，面对黄河，沟内泉水流淌。岩画分布在沟谷两岸的断崖石壁上，以沟口北崖向阳处的岩画数量居多。贺兰口是贺兰山岩画最为集中的一处，内容绝大多数是人面像，另有人物、舞者、天体，以及马、羊、虎等。岩画以敲凿法和磨刻法为主。从画面的风格、内容及剥落的情况看，贺兰口岩画的制作延续时间很长。

Ⅴ. 苏峪口及回回沟岩画

苏峪口俗称宿嵬口。岩画分布在苏峪口沟谷两岸，迤南至回回沟。原来调查岩画的数量有两百幅，由于开矿炸石，修筑公路，大部分岩画已被毁。现存的岩画仅有几十幅，以兀立山头巨大的"神牛图"最为著名。

⑤ 青铜峡市

Ⅰ. 口子门沟岩画

内容以动物为主，制作手法为凿刻法。岩画主要散布在一座座山梁上，每一座山梁上的岩画数量都较少。

Ⅱ. 四眼井岩画

其凿刻于贺兰山山体东侧的一道道崖壁和岩石上，每一岩画点的岩画都相对比较密集。

Ⅲ. 芦沟湖岩画

岩画散布在沟两侧的山崖上。

Ⅳ. 砂石梁岩画

石质为红色，岩画作于岩石的平整处。

Ⅴ. 广武口子门沟砂石梁子山岩画

其位于贺兰山余脉的内蒙古阿拉善左旗头道乡与青铜峡市广武乡相邻处，内容有北山羊、狼、人、手印和脚印等。

⑥ 永宁县

Ⅰ. 红旗沟岩画

这里的岩画有两处。一处在山口内约 1 公里处的山石上。画面中凿刻着举弓的猎人、北山羊群和盘羊群，以及骑者。另一处在山口内约 2 公里北侧面东的山石上，有一人面像群。

Ⅱ. 柳渠沟岩画

画面中凿刻着人物和符号、人物和动物，以及六角形符号等。

⑦ 中宁县

Ⅰ. 石马湾岩画

主要在山梁面西的崖壁和山顶上，制作手法为敲凿法。

Ⅱ. 黄羊湾岩画

岩画点沿长城，南距黄河 3 公里。岩画的一部分在山梁的南坡或山顶上，一部分在山沟沟崖上，分布范围较广，但每一个地点相对密集。绝大多数岩画面南，少量面西或朝上，使用敲凿法制作。

⑧ 中卫县

中卫县地处黄河前套上首，西临腾格里沙漠。

Ⅰ. 苦井沟岩画

其位于贺兰山南端的卫宁北山里，岩画分布极广，也比较密集，几乎每一条岩脉上都凿刻有岩画，绝大多数使用敲凿法制作。

Ⅱ. 大麦地岩画

大麦地位于中卫县城的东北，岗峦遍地，沟壑纵横，在约6平方公里的面积内，有一千余幅岩画。题材以动物形象为主，反映了狩猎和放牧的生活特点。除此之外，还有星辰和西夏文题刻等内容。

Ⅲ. 东沟岩画

山沟呈南北走向，俗名为中豁子口。岩画分东、西两部分。

Ⅳ. 钻洞子沟岩画

岩画位于山沟北侧的崖壁上，内容包括羊群和马群，以及鹿和驼等动物。骑猎、射猎的场面中有猎鹿、猎羊和部落战争的情景。另有双人舞、符号和人面像（或类人面像）等。

Ⅴ. 大通沟岩画

其岩画点与大麦地相望，彼此之间相距5公里。有三十一组岩画，凿刻着动物（也有些植物）、人物和人面像或符号。

（5）甘肃

甘肃岩画分布从靖远吴家川到河西走廊西端的安西，大体呈一条带状。另外，在甘南藏族自治州玛曲县齐哈玛乡也有少量岩画。但数量最多、内容最丰富的要数肃北蒙古族自治县。

① 靖远县

吴家川岩画位于黄河上游的刘川乡吴家川村东部的陈家沟岭。这里丘陵起伏，岩画刻在黑褐色的东西两块大石壁上，制作手法有刻划和凿刻两种，表现了鹿、大角羊、狗、马和骑者等形象，还有数种刻画符号。

②　永昌县

北山岩画位于河西走廊东部焦家庄乡陈家寨村北的青色石壁上，风化严重，图案模糊不清。人和动物形象均为阴凿而成。整个画面满布密密的斑痕状小圆点，制作时间较早。

③　玉门市

Ⅰ. 石墩子梁岩画

位于昌马乡南30公里处的石墩子梁上。岩画采用单线刻画和通体平磨手法，内容以放牧为主，有山羊、大角羊、鹿和骆驼等二十多个动物个体形象。

Ⅱ. 鹿子沟岩画

位于昌马乡水峡村西的三家滩鹿子沟内，沟内有一青色石壁。岩画共有三处，均为凿刻。内容以放牧为主，有鹿、骆驼、老虎和狗等图像。其中有一人骑于骆驼之上驱赶着鹿、骆驼等动物。岩画表现手法为单线刻画和通体凿刻，与石墩子梁岩画一致。

④　嘉峪关市

嘉峪关市发现的岩画集中在黑山之中，称黑山岩画（图一一）。

Ⅰ. 四道鼓心沟岩画

四道鼓心沟是黑山岩画分布较集中的地区之一，这里凿刻了人物、动物和车辆的图像。画面中有人们群舞的场面，舞蹈者身着裙装、束腰并佩戴头饰。动物形象有鹰、牛、羊和鹿，以及老虎和骆驼等。岩画还表现了骑马狩猎、群体狩猎和单辕车等图像。

图一一　甘肃嘉峪关市黑山岩刻

Ⅱ.红柳沟岩画

其位于黑山南部,为一东西走向的峡谷地带,最东头峡口处有烽火台。岩画内容以动物形象为主,制作较简单粗糙,有的动物图像仅用点击法敲凿成粗犷的轮廓而连不成线。

⑤ 肃北蒙古族自治县

肃北县位于河西走廊的最西端。该县祁连山地区已发现大量的古代游牧民族的岩画,称祁连山岩画。

Ⅰ.马宗山乡岩画

马宗山乡岩画计有两处,一是黑马宗岩画,二是格格乌苏岩画。内容以狩猎和放牧等为主,动物图形有骆驼、羊、牛、马和驴等。

Ⅱ.明水乡岩画

共计有三处。一是霍勒扎德格岩画,表现的动物有大头羊、黄羊等。另有放牧等图像。二是上哈然扎德格岩画,可辨认者有五组画面,但风化严重。三是山德尔乡岩画,共有五十四组，内容各不相同，其中有场面宏大的狩猎图和放牧图。

Ⅲ．别盖乡岩画

共有六十七组，有些画面还表现出大规模的狩猎场面。其中第三十八组中有一人身穿长袍，头戴尖帽，还有几组系尾饰的舞者。第九组中有一大象。

Ⅳ．石包城乡岩画

共计有两处。一是灰湾子岩画。岩画题材以放牧为主，画面上有成群的鹿和岩羊，还有骑马者。二是七个驴沟岩画，位于灰湾子岩画的西北侧，刻在一条东西向的河谷北壁。制作手法为凿刻，内容以放牧为主，有大量的岩羊、骆驼，以及奔跑的马和飞翔的鹰等形象。

Ⅴ．大黑沟布尔汗哈达岩画

位于布尔汗哈达向南行1公里处。岩画凿刻有张弓射猎和骑马放牧的内容，以及不少动物形象，如梅花鹿、大角羊、野牦牛和野骆驼等。除此之外，还有大象和老虎的形象。

⑥　安西县

该县的边墙沟岩画位于踏实乡南部鹰嘴山的边墙沟内。岩画为凿刻，共有七幅，表现了青羊、大头羊、骆驼和野马等动物。

⑦　玛曲县

玛曲县位于甘南藏族自治州西南部。岩画位于齐哈玛国庆村与国岔村之间，凿刻有三幅，为人物。其头戴尖形帽，帽顶有三个尖状物。

⑧　甘南裕固族自治县

该县的大河区榆木山岩画共分三处。一是黑石头沟岩画，二是寡妇房地子岩画，三是大河峡山岭岩画。总计二十一组画面，手法为线刻。内容有狩猎图和动物，还有个别原始文字符号。

（6）青海

① 刚察县

Ⅰ. 哈龙沟岩画

哈龙沟位于吉尔孟乡黄仓大队春季草场中，岩画在两座海拔 3500 米高的石山上。甲山有六组岩画，内容为牛、鹿、羊、虎、野猪、獐子和豹等；乙山有两组岩画，内容以骆驼和鹿为主。制作手法为磨刻。

Ⅱ. 舍布齐岩画

位于泉吉乡立新大队埔滩南舍布齐沟口的山顶之上，距青海湖 8 公里。岩画风蚀严重。画面上凿刻了二十三个形象，内容以动物和狩猎为主。

② 天峻县

Ⅰ. 鲁芝沟岩画

鲁芝沟岩画位于天棚乡之西南的山沟内，沟口处有西宁至天峻县的公路横穿东西。沟的东西两侧是高山，沟内 4 公里处东侧为石山，石色发黑，岩画就刻在上面。制作手法有两种，一种是刻出轮廓线，另一种是通体凿刻。

Ⅱ. 卢山岩画

卢山距江河乡政府所在地约 8 公里。岩画分布在山丘南面山坡上，内容以表现动物为主，兼有狩猎、战争、生殖等。另外，还刻有藏文。

③ 德令哈市

怀头他拉岩画位于怀头他拉乡西北约 40 公里处的哈其切布切沟内，海拔 3600 米。岩画约有一百个形象，分布零散，

制作手法有凿刻、磨刻和磨划三种，内容以动物为主，还有符
号和藏文。

④ 都兰县

巴哈毛力沟岩画点在海西蒙古族藏族哈萨克族自治州都兰
县香加乡巴哈毛力沟内。巴哈毛力在蒙语中为"小马"之意。
由南口向北进，距南口 4 公里有一个火成岩山嘴，藏语称为
"牙玛嘴"（意为山羊嘴），汉语意为画石嘴，岩画就刻在山嘴
石面上。岩画分布比较集中，制作手法一般有凿刻和磨刻两
种。石色呈黑色，线条呈黄褐色。岩画内容有骆驼、山羊、
狗、马、大象、鹿、野羊、獐子、牛、蛇等动物，还有三角形
图案和太阳图案。另有狗守护着圈栏，以及带有马鞍和缰绳的
马的画面。

⑤ 格尔木市

野牛沟岩画位于青海省海西州格尔木市郭勒木得乡西北约
140 公里处的昆仑山脚下，海拔约 3900 米。岩画内容包括动
物、骑马人物和狩猎场面等。动物形象主要包括牛、骆驼、
马、鹿、豹子、狼、鹰、熊、狗和羊。其中牛和骆驼占绝大多数。

（7）新疆

① 哈密县

Ⅰ. 沁城折腰沟岩画

折腰沟位于沁城城区东南，岩画内容有羊、骆驼、马和人
物等，还有三幅表现战争的场面。征战图画面为八个手持长兵
器的骑士，围攻一挺枪而战的骑士。

Ⅱ. 白山岩画

位于哈密市东北的沁城乡白山子村。从岩画的内容看又可
分为两类，一是单纯的动物图像，二是记录了当时人们生活、

战争及宗教信仰的画面，有车辆和住室等图像。

Ⅲ. 上马崖岩画

位于小堡乡上马崖村东北3公里的群山之中，计有画面百余幅。内容以动物和人物为主，另有车辆、狩猎、符号等，是目前哈密地区岩画最密集的地点之一。

Ⅳ. 乌鲁江岩画

其岩画分为两处。第一处在便道北侧，计有画面近十幅，内容以动物为主。第二处在便道南侧，岩画分布在山下的岩石上，内容有动物、骑者、猎人、放牧图像等。

② 巴里坤县

Ⅰ. 兰州湾子岩画

该岩画点在巴里坤县城西南的兰州湾子。岩画内容有动物、行猎、放牧、骑者、车辆、太阳、驯马等，画面共计一百多幅。狩猎场面有步猎和骑猎，骑者有的骑马，有的骑骆驼。另外，兰州湾子还有好几幅车辆岩画，其中一幅刻有一五辐车轮和一牛。岩画中，太阳图像旁边有一棵植物。在岩画点附近还发现三处石结构的遗址。

Ⅱ. 大、小夹山岩画

第一地点位于小夹山柳泉村，内容有北山羊、牛及印记。另外，还有头戴尖帽并系有尾饰的猎人形象和狩猎图。第二地点在大夹山库尔特尔库拉，内容有北山羊群、鹿、印记、骑马人和放牧图。

Ⅲ. 八墙子岩画

该岩画点在莫钦乌拉山北坡的八墙子乡。

Ⅳ. 小柳沟岩画

第一地点在莫钦乌拉山东部红星一牧场小柳沟内。第二地点在莫钦乌拉山中段南面的库克托贝。这里所凿刻的围猎场面甚为壮观，骑猎者和步猎者正相互配合着围猎鹿群。

Ⅴ.五场沟岩画

共发现数十幅岩画，内容以动物、狩猎为主，另有人物、车辆、符号等多种图像。有一幅太阳图，画面主体为一光芒四射的太阳，右侧有一只羊。

Ⅵ.大黑沟岩画

主要分布在水渠两侧的岩石上，计有数十幅。内容大致可分为动物、狩猎、放牧、生殖崇拜等。猎人所用的武器多为弓箭。除羊外，被捕杀的还有狼等动物。生殖崇拜的内容凿刻在一地表岩石上，画面突出男女形体，对坐呈交媾状。

③托克逊县

Ⅰ.科尔加衣岩画

位于托克逊县西北的科尔加衣镇附近的天山山脉中，其中一部分的内容为马、鹿、绵羊、山羊、骆驼和围猎图。另一块巨石上凿刻有老虎、大角羊等形象。

Ⅱ.大齐克企克岩画

岩画凿刻在路旁一侧巨石上，像一幅流水图，有十几条线交错，中间有圆圈，另外有动物夹在其间。在画的侧面有一排羊的形象。

Ⅲ.托格拉克布拉克岩画

岩画分四个点，都散布在泉水周围不远的地方。

④乌鲁木齐县

Ⅰ.阿克苏乡岩画

在乌鲁木齐县东郊。岩画分布在阿克苏乡的各点，尤以哈姆斯特沟岩画为多。

Ⅱ. 高崖子牧场岩画

岩画分布在乌鲁木齐县高崖子牧场东北约 5 公里处的高崖子沟内。画面中凿刻着北山羊、盘羊等动物形象，还有豹子扑羊群及北山羊角斗的场面。

Ⅲ. 柴窝堡乡岩画

共有两处，即白杨沟的那比依冬窝子岩画和三个山沟岩画。

⑤ 木垒县

Ⅰ. 芦塘沟岩画

在柏杨河乡芦塘沟村南，岩画多散于山顶，内容有印记、动物、人物等。

Ⅱ. 鸡心梁岩画

岩画分两处，内容有十字纹、螺云纹、动物纹和其他印记等。

Ⅲ. 东地岩画

岩画位于东地阿尔帕巴斯陶的一座黑石头山上，数量不多且分散。

Ⅳ. 平顶山旱沟岩画

旱沟之名源于无泉、无水。此处岩画虽然不多，但内容丰富，有动物、狩猎、骑猎等形象。

Ⅴ. 平顶山夹皮泉岩画

岩画大多数凿刻在东面山坡的黑褐色"岩晒"上。

Ⅵ. 博斯坦牧场岩画

岩画最集中的地方是在牧场以东的几条山沟中，均属于冬夏牧场，其中以和卓木沟和哈沙霍勒沟的岩画数量最多，亦最密集。

⑥ 奇台县

在北塔山地区已发现的岩画点有库甫沟、松树沟、恰恰提、小哈布的克、南乌拉斯台、红沟、阿艾提沟、叶尔哈巴克、大锡伯提沟及中蒙边界上 83、90、104、105 界桩等地，被称作北塔山岩画群。

Ⅰ. 库甫沟岩画

岩壁上凿刻着十多幅岩画和印记，内容为动物、放牧和狩猎等。

Ⅱ. 阿艾提沟岩画

这里凿刻着野马、大角羊、骆驼和狗等动物，还有牧人和猎人等形象。

Ⅲ. 叶尔哈巴克岩画

岩画中凿刻有人物、动物形象和印记。

⑦ 吉木萨尔县

松树沟岩画位于该县大有乡广泉村南面的松树沟内。岩画凿刻或磨刻在半山腰岩壁的黑色岩晒上，共四组，内容有人物、动物等。动物形象有羊群、鹿和狼等，人物有牵牛图和骑马图等。

⑧ 阜康县

Ⅰ. 泉沟岩画

岩画分布面不广，内容单一，主要是动物。

Ⅱ. 三工河岩画

岩画在阜康实验林场河沟东面，凿刻于大大小小的扁圆形黑石上面，画面向阳。除动物外，还有狩猎和舞蹈的场面。

⑨ 米泉县

柏杨河乡岩画在柏杨河乡的独山子村下的小山坡上。这一

带岩画原来不下二三百幅，现在所见已不过十几幅了。从现存
的内容看，这里岩画的题材十分广泛，有生殖崇拜、狩猎放
牧、舞蹈祭祀、天体崇拜和氏族印记等方面的内容，表现的动
物种类也很多。

⑩ 昌吉市

阿里什岩画位于昌吉市阿里什乡阿里什村北 3 公里的达勒
汗拜山上。其内容非常单调，在两块相距不过 1 米的岩石上凿
刻着北山羊、盘羊等动物形象，还有一些模糊不清的图像。

⑪ 呼图壁县

Ⅰ. 康家石门子岩画

康家石门子岩画是呼图壁县最为著名的岩画点，也称呼图
壁岩刻。岩刻位于呼图壁县雀儿沟康家石门子。在周围的青山
蔓草之中，有一处山色赭红的崖壁，壁面上凿刻着表现生殖崇
拜的巨幅岩刻，东西长 14、上下高 9 米。画面最上部的图像，
距地面高达 10 米以上。在 120 平方米的范围内，从上到下，
从左到右，布满了大小不等、身姿各异的人物形象，总数达二
三百人。它是新疆岩画中规模宏大、时代特征鲜明、思想内容
丰富的岩刻作品。

Ⅱ. 登格克霍拉岩画

这里的岩画内容主要是征战图和动物的图像，表现手法为
凿刻。

⑫ 玛纳斯县

Ⅰ. 塔西河沙拉乔克岩画

岩画中凿刻有一些北山羊和骆驼的图像。

Ⅱ. 塔西河苏鲁萨依岩画

岩画分布面积不大，内容不多，凿刻有北山羊和猎人的图

像。

⑬青河县

有塔拉特沟岩画、金斯克赛依沟岩画、头海岩画、喇嘛布拉克岩画、达巴特岩画、将巴塔斯岩画，以及察罕郭勒乡夏牧场位于中蒙边界的头海子鹿石岩画。在头海子的鹿石呈碑状，顶端为圆形，正面刻有五个鹿形，其中一个已不清楚，背面有六个鹿形。另外，在三海子也有两块鹿石为碑状。

⑭富蕴县

Ⅰ.唐巴勒塔斯洞窟彩绘岩画

第一地点在喀拉布勒根乡的唐巴勒塔斯村。岩画为赭色涂绘，在洞顶正中绘有氏族印记，在正壁右上方及右壁绘二萨满帽，并有两个人面形岩绘。在正壁上最为醒目的是四个椭圆形的女性生殖器。左边手印形下还绘有三个椭圆形的女性生殖器，较之正壁稍小。左边手印上则有藏文咒语等。第二地点离第一地点约60米远，在同一座山的另一个洞穴中，内容有脚印、印记、野兽和三十余个群舞的人，以及狩猎的场景。狩猎的对象是大兽马和骆驼。

Ⅱ.杜热乡岩画

第一地点的岩画在额尔齐斯河上游的杜热乡迦尔肯村，内容有野羊群和其他动物。另有符号和印记。第二地点的岩画在杜热乡的徐云恰尔。

⑮阿勒泰市

Ⅰ.阿克塔斯洞窟彩绘岩画

在阿勒泰市西北25公里处，地属巴里巴乡。洞内呈一天然浅槽状，长约13、洞深处4、浅处约1米。岩画为赭色涂绘，内容有女性生殖器等。在洞壁上部有五十道短杠。由此向前，在壁上绘四个人及四十道短杠。另有人物、鸟、牛、马和短尾大角羊等。

Ⅱ. 夹西哈拉海彩绘岩画

"夹西哈拉海"哈语意为繁茂的红松。在一块直立的岩石上有一幅彩色岩画，上绘马、牛、山羊、鹿、手印形等，但突出的是牛和马。

Ⅲ. 克木齐乡岩画

第一地点凿刻有四幅岩画。第二地点为洞窟岩画，凿刻一匹大马。

Ⅳ. 切木尔切克乡依塔斯岩画

这里凿刻着三十余幅岩画，内容包括动物、人物及狩猎图和交媾图等。其中一幅长 15.6、高 2 米的巨型岩画，是阿勒泰地区岩画中画面最大的。这幅岩画共凿刻了一百四十个人物和动物图形。

⑯ 哈巴河县

Ⅰ. 沙尔布拉克乡杜阿特沟洞窟彩绘岩画

第一地点的岩壁上以赭色涂绘三人、四牛、一印记。第二地点的岩壁下以赭色绘制一牛及人面像和人形。人形圆头，戴尖帽，有尾饰。岩壁中间则涂绘了很多大而粗的圆形斑点，有的呈直线排列，有的呈弧线排列。第三地点的洞窟离第一个洞窟不远，岩画以赭色绘制了一排状如小木棍似的斑点，能看清的有三十道杠。有人认为这是围猎野兽的栅栏。第四地点绘有两位舞者，由于年代久远，赭色已看不清楚。第五地点的洞窟在山麓下，岩画也是赭色涂绘，绘有两头大牛，尾、臀部已破损。右面一人圆头，头上有双角，两手张开，双脚叉开，有尾饰。

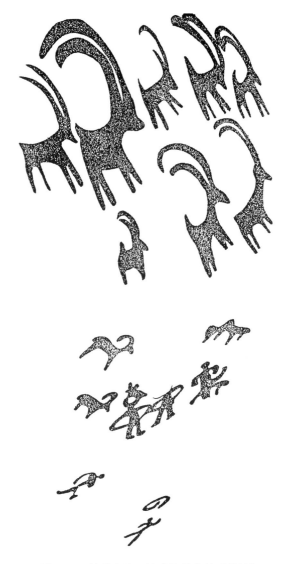

图一二 新疆哈巴河县岩羊群岩刻（摹绘）

Ⅱ．松哈尔沟洞窟彩绘岩画

从杜阿特沟再前行 300 米左右就到了松哈尔沟，其高为 2.5、深 4.5、宽 8 米。顶上以赭色涂绘高 2.5、宽 4.5 米的巨幅岩画。岩画内容有动物，如马、牛、羊、虎等，还有围猎的场面。另有人的手印和脚印，以及许多短杠和封闭或半封闭的圆点。

Ⅲ．加那阿什村岩画

在沙尔布拉克乡加那阿什村，凿刻有男女放牧图（图一二）。男人生殖器勃起，女人头戴高帽，表达了对人丁兴旺的祈盼。另凿刻拉弓的猎人和男女交媾图。

⑰ 吉木乃县

吉木乃县的岩画有哈尔交、唐巴勒、卡尔麦斯干等处。内容十分丰富。

Ⅰ．卡尔麦斯干唐巴勒冬季牧场岩画

其地属恰什海乡，在木斯岛的冰峰下，离中哈边境线不远。凿刻的内容有车辆、兽群、狩猎和放牧等。

Ⅱ．哈尔交岩画

哈尔交牧场的克孜库拉有近百幅岩画。凿刻动物有马、羊、牛、鹿等。不仅有双峰驼，而且还有单峰驼。

⑱ 裕民县

Ⅰ．巴尔达库尔岩画

在巴尔鲁克山北部，有三百多幅岩画。其表现了人体和交媾等生殖崇拜的内容，还有动物的形象及狩猎、放牧等等场面。

Ⅱ．奴尔斯拉冬牧场岩画

该牧场与巴尔鲁克山毗连，岩画表现了生殖崇拜的内容。

Ⅲ. 161 团 1 营 3 连（乌什德特沟）岩画

该地点的岩画为凿刻，数量较多，主要表现了动物和放牧的内容，反映了远古时期人畜兴旺的情况。

Ⅳ. 红石头泉岩画

岩画在该县西南约 50 公里处的一个名叫"红石头泉"的地方，有帐篷、放牧图。

⑲ 托里县

托里县的岩画大多发现于冬季牧场，如喀拉曲克牧场岩画、唐巴勒霍拉岩画、禾角克岩画等都在玛依勒山的冬季牧场里。春季牧场也有少数岩画，如庙尔沟南公路沿线。

Ⅰ. 玛依勒山岩画

第一地点是玛依勒山喀拉曲克牧场的岩画。第二地点是玛依勒山唐巴勒霍拉岩画，共有二十七幅，凿刻有男女的裸体、猎人和动物，以及氏族印记等。

Ⅱ. 哈因沟岩画

哈因沟岩画在巴尔鲁克山南麓，岩画为凿刻，内容以北山羊最多，还有些氏族印记。

⑳ 伊吾县

伊吾县位于古代"丝绸之路"沿线，岩画主要分布在其春秋牧场和冬季牧场区内。这些地区约在海拔 1600 米，已发现的岩画点有乌勒盖、白杨沟、科托果勒、卡塔布齐、白芨等。

Ⅰ. 吐葫芦乡岩画

吐葫芦乡岩画共有十二个地点。

Ⅱ. 前山乡岩画

前山乡岩画有五个地点，凿刻有狼扑羊和围猎野鹿群等内容。

Ⅲ. 盐池乡岩画

岩画约有四个地点，分布在盐池乡卡塔布齐山上。凿刻的岩画表现了北山羊、骆驼、马鹿、牛等内容，以及狩猎图和符号、古文字等。

Ⅳ. 伊吾镇岩画

分布在镇南群山之中的岩石上，计有画面数十幅，内容为动物、狩猎、车辆等。

㉑ 博乐市

Ⅰ. 阿拉套山岩画

位于博乐市以北约 30 公里处的阔依塔什。岩画分布在两个地点，除表现北山羊等动物及狩猎图、氏族印记外，还在一块岩石上凿刻了一个三圈半圆形的穹隆状的房子，内有三个不规则圆点。房子左上角有人的形象。

Ⅱ. 岗吉格山岩画

岩画也分布在两个地点。其表现了北山羊、马、鹿、双峰驼、狗、老虎和放牧图等内容。

㉒ 温泉县

Ⅰ. 多浪特岩画

位于温泉县东北约 20 公里处的阿拉套山之南麓。岩画中凿刻有老虎及牧羊人与羊群等。

Ⅱ. 阿登确鲁岩画

在温泉县西北的阿拉套山的巴斯堪塔达坂东侧约 4 平方公里的坡地上，布满了大小不一的石头。蒙语"阿登确鲁"意即一群马一样的石头。

Ⅲ. 穹库斯太和卡拉士柏岩画

这两处岩画位于博尔塔拉蒙古自治州温泉县东北 50 公里

的地方。

Ⅳ．苏鲁北津岩画

苏鲁北津沟在东距县城约 45 公里的别珍套山中。岩画表现了双峰驼、狼扑羊、狩猎图、野牛伤人图、羊群，以及对女性和天体的崇拜方面的内容。

㉓霍城县

Ⅰ．华土儿空拐沟岩画

该岩画点在霍城县萨尔布拉克乡的华土儿空拐沟正北。

Ⅱ．干沟岩画

干沟岩画在霍城县北，刻有十七只大头羊和山羊。

Ⅲ．昆带山岩画（库鲁斯台）

昆带山距霍城县 17.5 公里。

㉔额敏县

卡拉伊米里是额敏县伊米里河的一个支渠，在这条支渠的山坡上有很多的岩画，刻有岩画的岩石全都是发亮的黑石头。一块岩石上刻有一个人骑着一匹马，前面还有一匹小马，最前面是一条狗，表现了猎人外出打猎时的情形。

㉕尼勒克县

Ⅰ．空科克岩画

空科克岩画位于喀什河谷吉林台狭谷之中。

Ⅱ．红十月公社夏草场岩画

岩画表现了狗和猎鹿的图像。

Ⅲ．塔特朗岩画

岩画以动物图像为主，动物中又以大角羊的数量最多。

Ⅳ．却米克拜岩画

岩画分布于阿吾拉勒山南麓的却米克拜沟谷两侧的高岗

上，为凿刻，表现了牧民放牧羊群、单人步猎群兽，以及车辆、毡房和骆驼等内容。

㉖ 新源县

Ⅰ.阿吾热勒山岩画群

其第一地点在喀拉旱德，第二地点在塔塔狼，第三地点在却米克拜，第四地点在克泽勒塔斯陶。

Ⅱ.则克台镇岩画

则克台镇岩画共有五个岩画点。除动物图像外，还凿刻有放牧图、狩猎图、围猎图及交媾男女图，并发现两排古文字。

㉗ 巩留县

Ⅰ.喀拉沟石刻

其在铁克阿热克乡夏季牧场喀拉沟口内。

Ⅱ.铁克阿拉克乡岩画

该岩画在乌孙山的布角特，有一块岩石上凿刻了大小九只鹿，皆面朝一个方向。

Ⅲ.萨尔布津岩画

该岩画位于铁克热克乡萨尔布津村南的山谷中，刻在从山崖上滑落下来的大小石块上。

㉘ 伊宁市

卡约鲁克沟岩画位于曲鲁海乡曲鲁海村北的卡约鲁克沟谷里。岩画点有三处，分别凿刻在北坡石面上。

㉙ 特克斯县

Ⅰ.唐姆洛克塔什岩画

唐姆洛克塔什岩画位于哈拉翁克尔山西坡的哈甫萨依。这一带的岩画分布在三处地点，所绘图形有大角羊和马等。

Ⅱ. 阔克苏河岩画

阔克苏河岩画群主要分上下游两大区。岩画凿刻在高大陡峭的石壁上，画面较大。除动物外，还有人物形象。

Ⅲ. 乌孙山的阿克塔斯彩绘岩画

阿克塔斯彩绘岩画位于乌勒泽乡阿克奇村北约 2 公里处，两个洞中有彩绘。其中一处岩洞面积为 48 平方米，洞高 2.5~3 米不等，洞口宽 5 米。岩石呈黑褐色，画面为赭色涂绘，深浅不一。内容有马、羊、太阳、月亮形象及印记等。洞窟中间绘有十分醒目的女性生殖器。

㉚ 昭苏县

Ⅰ. 科塔雷特岩画

其上刻有一左手托圆状物、右手执花的佛像，旁有一行古蒙文或藏文。

Ⅱ. 科布尔特岩画

科布尔特岩画位于阿克牙孜沟与科布尔特沟的交叉处，这里凿刻着一些佛像，并有蒙、藏以及哈萨克文字。表现的动物有山羊、狗，还有些人物的形象。

㉛ 拜城县

Ⅰ. 博者克拉格河岩刻

博者克拉格河岩刻位于拜城东北喀拉格山麓。

Ⅱ. 克孜尔石窟刻划

在克孜尔谷内区现编号为 131、93、94、95 等几个洞窟内都发现刻划有马、鹿、驼、羊及人的图像。人物有的骑马，有的骑驼，并有古文字。

㉜ 尉犁县

库鲁克塔格岩画（兴地岩画）位于库鲁克山兴地峡谷中的

兴地村。岩画左右之间最远的距离为 54.5 米,中间的一组长 15 米,离地面最高的图形 5.45 米。除众多的动物形象外,还表现了狩猎、放牧、舞者、征战、车辆,以及手印、脚印和各种符号等。

㉝ 温宿县

Ⅰ. 小库孜巴依岩画

该岩画点位于温宿县东北,岩画凿刻在临近河旁或山脚下的岩壁及竖立于地面的大岩石上。在所表现的动物和人物之间还穿插有各种各样的印记、符号或图案。

Ⅱ. 包孜东岩画

凿刻岩画的石头有两块,内容为车辆图。

㉞ 皮山县

和田地区的岩画全部集中在皮山县南部和西部的昆仑山中。

Ⅰ. 桑株河谷乌拉其岩画

此地两岸危崖耸立,谷中流水不断。岩画凿刻于河谷东岸一块巨大的火成岩上。

Ⅱ. 苏勒阿孜河谷岩画

岩画表现的动物和人物造型颇似符号,反映了人们牧猎的生活方式。

Ⅲ. 康阿孜岩画

其位于诺阿巴特塔吉克民族乡的康阿孜河谷,画面已严重剥蚀,形象比较完整的只有大角羊。另外,在距乡政府东南 40 公里的阿希翁库尔,汉语意为"分水口上的洞"的地方,有以赭红色涂绘的七八个图像。其中有五指张开的手形,还有几个圆圈可辨,其他形象模糊不清。

图一三 新疆且末县昆仑山岩刻

IV.桑株镇岩画

桑株镇位于喀什通向和田的途中，岩画点就在桑株镇以南，即越过昆仑山通往克什米尔的山道入口处。岩画刻在路边的一块崖石上，主要表现了狩猎的场面和人像，其中有一骑马者正张弓搭箭射一只大角羊的场景。

⑤ 且末县

且末县在库鲁克塔格山脉以南，塔克拉玛干沙漠东部的边缘。昆仑山岩画主要在莫勒恰河出山口，大部分集中在莫勒恰河东岸的昆仑山中。在其表现的题材中，动物占百分之六十，而羊的形象占了一半。图案几乎全是几何纹样，如圆圈、旋涡纹、方格纹、菱形纹、波折纹、三角纹、倒三角纹等。手印在昆仑山岩画中也很突出，共有三十多个（图一三）。

2. 西南系统

西南系统的岩画主要分布在中国的西南和南方地区，包括四川、云南、贵州、广西等。岩画点大都是在江河沿岸的悬崖绝壁处。崖壁上部往往向前突出形成"岩厦"，既可以躲避风雨，又可以防止阳光直射。岩画点前常常有一平台，为人们祭祀、集会之所。题材以人物的活动，特别是宗教活动为其主要的表现内容。同时，又与当地的农耕生活相联系。技法则以红色涂绘为主。

西藏位于中国的西南部，占据着青藏高原的大部分地区。由于平均海拔在 4000 米以上，所以有"世界屋脊"之称。西藏地区的岩画，基本上属于北方系统，内容以反映狩猎与畜牧的生活为主。但由于它与中国西南地区的有关省份相邻，某些作品又带有西南系统岩画的风格。西藏岩画有许多是凿刻的，也有些是用红色颜料绘制的。或许可以说，西藏岩画兼有北方系统和南方系统的特色。由于其地理位置，故将它放在西南系统中叙述。

（1）西藏

① 日土县

Ⅰ. 任姆栋岩画

任姆栋岩画位于日松区东南1.5公里处，分布在玛嘎藏布河东岸山脚的岩石上。内容包括动物、人物和宗教崇拜等。动物形象有马、牦牛、羊、鹿、双峰驼、野猪及虎豹等。宗教方面，有太阳和月亮等天体崇拜和男女生殖崇拜的内容。

Ⅱ. 鲁日朗卡岩画

其位于日土县日土区行政所在地附近，岩画分布在山脚朝北的岩石上。这里凿刻有羊、猎犬、牦牛、鹿等动物，以及舞蹈者、骑者形象和狩猎的场面。

Ⅲ. 恰克桑岩画

恰克桑岩画在恰克桑山上，有残月、太阳等自然崇拜的内容。另有喇嘛、塔、佛像和菩萨像等。

Ⅳ. 阿垄沟岩画

阿垄沟岩画分布在南北向的阿垄沟沟口洪积扇前缘，均刻在地面的大石块上。

Ⅴ. 扎布岩画

岩画点位于日土县扎布乡盐湖南岸，仅有一幅画面。

Ⅵ. 芦布湖岩画

该地点在日土县热邦区的芦布湖北岸，岩画分布在山脚，共有十多组画面。

Ⅶ. 左用湖岩画

该地点位于日土县热邦区的左用湖北岸，岩画分布在山脚岩石上，共计十组画面。一幅狩猎岩画，正中有两个执箭猎人围射一鹿，鹿的背部及腹下已中三箭。右侧有一骑马猎人及牦牛，左侧也有一牦牛。

Ⅷ. 康巴热久岩画

康巴热久岩画点在日土县扎布行政所在地以北约 10 公里处，岩画分布在朝南的崖壁下部。

Ⅸ. 那布龙岩画

该地点位于日土县乌江乡行政所在地以北 40 公里处。岩画主要表现动物、狩猎活动等内容。

Ⅹ. 塔康巴岩画（齐吾普岩画）

该岩画点在那布龙岩画点以南约 1 公里处，岩画分布在山谷朝南的岩壁上，共有二十多组画面，内容丰富，以人物与动物的题材为主，主要表现了古代部落的迁移、狩猎、祭祀、演武、角力等生活场面。

② 革吉县

岩画位于革吉县北部的盐湖南岸。题材以动物数量较多，主要为牦牛，人物有牧者、骑者、手执弓箭者。岩画使用磨刻和敲刻两种表现手法。

③ 改则县

岩画位于改则县先遣乡，刻在地面的大石块上。表现的动物有牦牛、马、狗等，系多次凿刻而成。从上到下有三个太阳图像，左、右侧分别刻有圆圈形符号。

④ 文部办事处

Ⅰ. 嘉林山岩画

嘉林山为文部双湖办事处荣玛乡所辖。岩画分布在嘉林山东麓，海拔约 5000 米，均凿刻在地面的大石块上，共有六十多幅，内容丰富。岩画中有帐篷的图像，也有符号，形似弓箭，前端有镞，镞有翼，箭杆极长。

Ⅱ. 夏仓岩画

该地点位于文部办事处卓瓦乡行政所在地西北约 10 公里处，岩画分布于山脚岩石上。画面多表现动物，亦有表现生活场景的内容。

⑤ 索县

军雄岩画点在索县荣布乡，有一幅描绘鸟与羊的岩画。画面左侧为一只长嘴大鸟，鸟翅极长。右侧为一羊。其线条运用极具装饰性。

⑥ 那曲县

哈尔布沟岩画点位于那曲县尤恰乡哈尔布山谷中，岩画用红色颜料绘制在一高约 10 米的巨大岩石上。

⑦ 班戈县

其多山岩画位于班戈县境内的纳木错湖西岸其多山的两个天然洞穴中，所有岩画均用红色颜料绘制。1 号洞穴共有动物、人物、符号等图像二百多个，内容丰富，系多次绘成。

⑧ 申扎县

Ⅰ. 拉木羊岩画

拉木羊岩画位于申扎县麦巴乡行政所在地以南的乃纳沟的一个天然洞穴中，为红色颜料涂绘。

Ⅱ. 拉错龙巴沟岩画

该地点位于申扎县麦巴乡拉错龙巴沟的一个天然洞穴中，内容有鹰、牦牛、羚羊、驴，以及人物和符号等，共二十多个图像。

⑨ 定日县

门吉岩画点位于定日县南果乡达拉山北麓。其岩画表现了古代的游牧生活，内容主要为马和牧马人。

⑩ 当雄县

扎西岛岩画位于当雄县境内的纳木错湖东岸。岩画分布在八个天然岩洞及四处崖壁上，其中第1、3、11、12等地点的洞穴比较深，其余的则比较浅。岩画的制作方法为赭色涂绘。其内容极其丰富。

⑪ 贡嘎县

多吉扎岩画位于贡嘎县昌果乡雅鲁藏布江北岸的沟口冲积扇侧缘，共有近十幅画面分布于沟口崖壁上。内容亦多为人物和动物。所刻符号中有一椭圆形，正中为一点，四周有辐射线，似为太阳。

⑫ 八宿县

拉鲁卡岩画分布在尼布索绒山南麓的岩石上，共有近二十幅画面，七百多个图像，均凿刻而成。内容有骑者、舞者、马、鹿、牦牛、塔和符号等。

(2) 四川

① 珙县岩画

麻塘坝岩画是"僰人"悬棺葬岩画。麻塘坝两侧高山耸立，岩壁陡峭，岩间多有天然岩洞，悬棺及岩画即分布在这里的岩壁上。东岩有棺材铺、狮子岩、大洞、九盏灯、猪圈门、磨盘山、龚家沟的硝洞、邓家岩、三眼洞、玛瑙坡，共十处。西岩有龙洞沟、陌风岩（天星顶）、付大田、白马洞、倒洞、马槽洞、珍珠伞、猫儿坑、九颗印、鸡冠岭、地宫庙、刘家沟（棺木岩），共十二处。由于历经风雨，麻塘坝的悬棺已坠毁不少。其岩画以红色绘制在悬棺旁的岩壁上，以单个人物形象最多。动物有虎、犀牛、鱼、鸟等，其中以马为最多，并画有马厩。此外，还绘有符号。

② 昭觉县

博什瓦黑石刻位于凉山彝族自治州昭觉县解放沟区的弯长乡境内。

(3) 贵州

① 贞丰县

七马图岩画点在贞丰与关岭县交界的花江河畔，上绘七匹马，皆面朝一个方向，马背上驮有货鞍。

② 关岭县

花江岩画

Ⅰ. 马马崖岩画

马马崖岩画位于北盘江北侧江岸上，当地人称为"马马崖"。岩画共计三幅，内容以马为主，为赭色涂绘。

Ⅱ. 牛角井岩画

其位于关岭县城东南四十多公里牛角井附近的白岩脚、三面坡、后头湾和曾家屋基等地。这里的岩画有人、马、鱼、鸟等内容，有的以红色颜料画成，也有的用黑色绘制。

③ 赤水县

官渡崖刻是习水河右岸大石壁上的摩崖石刻。在悬崖陡壁上，岩画既有象形的表现，又有抽象的符号，主要内容为横卧的人形和房屋、田地、耕具、战车、弓箭、斧钺，以及鸟、兽、虫、鱼等。

④ 六枝特区

桃花洞岩画位于六枝特区平寨镇的西北隅。岩画分布在洞口左右两壁上，内容有人、马、虎、鸟等。

⑤ 开阳县

画马崖岩画位于开阳县城东南九十余公里处的平寨乡顶趴

村附近。面南，其下为乌江支流清水江。岩画分布在大崖口及小崖口，亦为赭色涂绘。画面有各类图像百余个，内容有马、仙鹤、小鸟、太阳、星星、树、山路以及众多的符号等。人物的形象较多，有骑马者、牵马者，还有行走、欢迎、对饮、舞蹈者。有些人手持弓箭，头上顶物。

⑥ 丹寨县

银子洞岩画位于丹寨县城北 35 公里处，分布在南皋河畔天然溶洞的崖壁上，为赭色涂绘。

⑦ 长顺县

长顺县傅家院乡岩壁画分两处，一处绘在当地人叫白洞的崖壁上，另一处绘在红洞的崖壁上。同在一座山上，相距 100 米左右。

⑧ 册亨县

册亨岩画位于北盘江岸边的洛凡乡郭家祠。岩画的内容为一组赭色涂绘的符号式文字，排列有序，图绘清楚。

（4）云南

① 丽江纳西族自治县

至今，在金沙江流域的云南中甸、丽江、宁蒗三县境内，共发现了三十多个岩画点。金沙江岩画中，以夯桑柯岩画点的图像较为清晰完整，崖壁画所反映的内容也更为典型。"夯桑柯"纳西语意是淘金沙的地方，因古代曾有人在此淘金沙而得名。其位于金沙江畔，内容大量是野生动物。野牛在崖壁画中是特别值得重视的，而且往往被画在岩壁的中心位置，很大，亦很醒目。在这些洞窟中，其他动物或画在大野牛的旁边，或画在大野牛的身上。岩画点前面都有能容纳几十个人站立的平台空地，先民们当时可能就是在这些平台上，面对崖壁画上的图腾形象，举行集体的宗教祭祀活动。

②　漾濞彝族自治县

苍山岩画位于大理白族自治州漾濞县城河西乡金牛村赤水箐，共绘有二百多个图像，包括人物、野兽、房屋、树木、太阳等图形。

③　福贡县

怒江岩画有两处，即腊斯底岩画和匹河岩画。

Ⅰ．腊斯底岩画

位于怒江傈僳族自治州福贡县匹河乡东部碧罗雪山中腊斯底村南岩壁上，有一百五十余个图像，其中抽象的符号就有九十多个。另外，还有动物与人物、人物与其他事物，以及不少日月星辰的图像。

Ⅱ．匹河岩画（依洛夫洞岩画）

在怒江傈僳族自治州福贡县匹河乡怒江西岸的岩壁上，系用土红色绘制。由于风蚀作用，画面已模糊，但尚可见太阳、月亮、山川、洞穴，以及鸟、兽、鱼、虫等内容。

④　泸水县

古登岩画分布在古登乡南约 1 公里怒江边的岩壁上。这里的岩画为岩刻，内容有人物、动物、器具和石斧的抽象符号。

⑤　耿马傣族、佤族自治县

大芒光岩画位于四排山区大岩山。该岩画距云南沧源岩画洋德海 1 号地点约三十多公里。石壁面向东南，岩画分为两部分。画中的图像有三十九个，多为赤铁矿粉所绘，但有七个为黑色颜料绘制。画面上半部分，图像最集中，有两个人物。其两手下垂，两脚分开，手持圆形器。人物之间有手印，手印之下有执弓的人和牛。崖面右下方有三个舞蹈者和太阳图形。

⑥ 沧源佤族自治县

沧源崖画包括十个岩画点，分布在曼帕寨、丁来大寨、曼坎大寨、勐省、洋德海、贺腊等处，共发现图形一千多个。最多的是人物图像，有头饰羽毛和穗状物的，有头饰兽角和兽尾的。其耳饰和腰饰也很丰富。其次是动物，有牛、猴、猪、大象等。此外，还有树木、道路、房屋、村落、岩洞、太阳、手印和一些表意符号。图形一般较小，就人物而言，大者身高不过20～30厘米，小者不足5厘米。崖画的内容丰富，表现出当时人们各种各样的生产和生活的场面，使我们可以了解该地区远古时的情况。

⑦ 元江县

它克岩画位于元江县它克乡，为赭色涂绘。画面中有人物、动物和符号。人物为蛙形人、菱形人、持弓的人物等，动物有蜥蜴、蛇，符号有菱形、涡旋纹、圆圈等。另有太阳的图案。作品反映狩猎、娱乐、祭祀等内容，可能还有表现女性崇拜的含义。

⑧ 麻栗坡县

Ⅰ. 麻栗坡大王崖岩画第1地点

位于县城东2公里处的羊角老山南侧的白虎山下，在畴阳河拐弯处。岩画由黑、红、白等颜色绘制而成，有二十五个图像。其岩画的主体人物为巨大的两个"保护神"像。

Ⅱ. 麻栗坡大王崖岩画第2地点

岩画用赤铁矿粉绘制在一长形崖厦上，画面前有平台。由于风蚀作用，画面大部分已模糊。

⑨ 西畴县

狮子山岩画位于文山壮族、苗族自治州西畴县蚌谷区。该岩画用赤铁矿粉绘制，分布在洞穴内、外壁，共有三十七个图像，主要是人物、日月、走兽和鱼类等。

⑩ 弥勒县

金子洞坡岩画地处崇山峻岭之中的巡检司镇独家村东面，在金子洞坡的一大块岩面上。其宽14、高20米，存有图像八十二个，古彝文十七个。

⑪ 邱北县

狮子洞岩画位于邱北县日者区东面2公里处，绘制在一个大溶洞的石壁上。内容有树木、符号和两个网状图案。另有水、鸟、鱼、虫等形象。

⑫ 路南县

石林岩画位于路南县石林镇掉切寨东南1公里处。岩画为赭色涂绘，分别绘在三处石壁上。内容有人物、动物和符号。

⑬ 宜良县

阿陆笼河岩画位于宜良县阿陆笼河营盘山。为凿刻，大部分已被运到毗邻的大比者村，为村民们修建房屋所用，现仅存四十余块。凿刻的图像极为抽象。

(5) 广西

① 扶绥县

此地共有岩画点二十二处。

Ⅰ. 小银瓮山岩画

该岩画位于左江左岸，共分两处，一处现存十八个人像，为骑马人物等。另一处在西侧上方，现存九个正面人像。

Ⅱ. 银瓮山岩画

岩画位于左江右岸，除人物外，还有三个大小相近的铜鼓，纹饰为五芒太阳纹等。

Ⅲ．七星山岩画

该岩画位于左江左岸渠旧乡境内。

Ⅳ．合头山岩画

位于左江北岸的渠黎乡岜桑村境内。

Ⅴ．茭杯山岩画

岩画多为黑色物覆盖，少部分露出淡黄色。

Ⅵ．驮潭山岩画

该岩画位于左江渠黎乡那勒新安村 3 公里处。

Ⅶ．下峒山岩画

该岩画位于扶南乡下峒村内。岩画多为正面像，最大的人物为一位佩戴环首刀者，高 1.4 米，头呈圆形，双手上举，腿下蹲，似弓形。

Ⅷ．新湾山岩画

此地有两处岩画，均已残。

Ⅸ．岜来山岩画

在岜来山偏西端的陡坡上有一个椭圆形浅洞，岩画主要集中在洞内外的岩壁上。

② 崇左县

此地共有岩画点二十六个。

Ⅰ．灯笼山岩画

灯笼山在左江右岸，由东西两大峰组成。岩画绘于东峰的绝壁之上，共有五组二十六个人像。

Ⅱ．驮柏山岩画（银山岩画）

岩画分为数组，大小不一，大的有数十人，小的只有一两人。

Ⅲ．白鹤岩山岩画（观音山岩画）

其山高二百多米，顶上六峰，第二峰以后有岩画六组，共计人像四十三个。

Ⅳ. 陇狗山岩画（弄玖山岩画）

在陇狗山两端距江 30 米高处，各有一组岩画。在近山中部，距水面约 20 米处，还有一组岩画，只有一个正面人像。其腰间佩剑，右腿与一似动物的图形相连。

Ⅴ. 崇左花山岩画（驮角山岩画）

崇左花山位于左江右岸上，岩表多为黑色覆盖物，表面风化严重。峭壁左端，距水面二十多米处，一块突出的平整岩面上有一处岩画，画面高约 6、宽 10 米。原画比较多，现所存无几，且颜色较淡，仅有十六个人像可辨。此处画面右下方有一楷书的"魁"字。

③ 宁明县

Ⅰ. 达俭山岩画

达俭山在左江支流明江的右岸，南面临江，峭壁高约 150 米。岩画位于峭壁中部近山脚处，距江面约 40 米。画面呈斜横幅状，中部岩画被钟乳石覆盖，两端风化严重。

Ⅱ. 花山岩画（又名耀达花山岩画）

花山位于左江支流明江右岸。其临江峭壁分布有岩画，距江面 90 米。画面宽 170 米左右，共有一百一十一组画面，图像多达一千九百余个。内容非常丰富，有人物、犬类、铜鼓、刀剑、钟、船和道路。人像一般高 0.6～1.5 米，最大的高约 3 米。花山岩画以规模宏大、场面壮观、图像众多而居左江岩画之冠，是左江岩画的代表（图一四）。

Ⅲ. 珠山岩画

珠山岩画是明江最上游的一个岩画点。由于岩表严重风化，许多图像已漫漶不清，难以辨识。现尚存岩画二十二组，

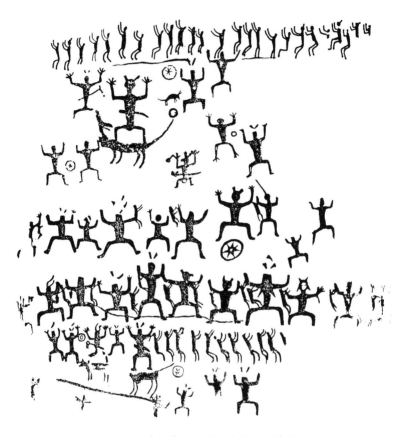

图一四　广西宁明县花山崖壁画（摹绘）

分布不太集中。其中人物图像一百六十九个，动物图像十五个，铜鼓图像十个。

　　Ⅳ.龙峡岩画

　　龙峡岩画位于明江右岸，分布在六处，共十四组，五十六个图像。其中人物形象五十个，动物图像三个，铜鼓图像两个，船的图像一个。

Ⅴ.高山岩画

其位于明江右岸的江水转弯处。山有两峰突出。岩画分布于北峰中部两个岩洞的附近，共五处，计有人物图像一百九十一个。

④ 龙州县

此地共有岩画点十五个。

Ⅰ.岩怀山岩画

岩怀山岩画有五处，共有四十六个人物图像。

Ⅱ.上白雪岩画

这里有六组岩画，共有人物图像三十六个。

Ⅲ.花山岩画

龙州县的花山又称"棉江花山"，距龙州县城 60 公里，方向正南，位于左江右岸。此山为南北走向，南北近山脚处各有一个大岩洞，山前江对岸比较平坦开阔。岩画主要分布在南北两个岩洞的顶上和旁边，除剥落不清者外，共有十七组画面，图像合计二百九十八个。岩画内容包括人物、动物、铜鼓、道路和刀剑等。画幅巨大，气势磅礴。在南洞南侧，原来有大幅岩画，但由于风雨浸蚀、岩表剥落及钟乳石覆盖，图像现被分割成数块，比较分散。

Ⅳ.沉香角岩画

其在上金乡勤江村有六处八组画面，现可见六十七个人像。

⑤ 凭祥市

Ⅰ.马鹿山岩画

马鹿山在凭祥市北郊。此山东壁距地面五十多米处有一个小岩洞，洞口北侧岩面上有一马鹿图像。

Ⅱ．葫芦山岩画在马鹿山南约百米，亦为一孤山，高约二百多米。岩画为一麒麟图。

⑥ 田东县

岩画在孤峰的岩厦和山洞里，共有九处。有刻有画。画用红色或黑色涂绘，也有红色和白色的双色岩画。内容有人物、兽、鸟、花、龙、女性生殖器、太阳纹及农舍等。

⑦ 靖西县

岩画在靖西县旧州化峒街西面的崖壁上，高出地面9米，为赭色涂绘，共二十一幅。内容有骑猎和动物，动物有牛、马、鱼、蜥蜴等，还有武器和花鸟等图案。

⑧ 天等县

邑连山岩画位于天等县北部的华隆乡荣华村那砚屯。岩画绘于岩洞内及裂隙内侧灰黄色的石壁上，由二百零一个赭色涂绘的图像构成，内容包括骑马人、牵马人、马、狗和一组符号，距地面5～8米不等。

⑨ 大新县

岩画位于大新县恩城乡东北面2.5公里处。画面高约6、宽约3.5米。以赭色涂绘十四个正面人像，排列有规律且集中。

⑩ 金秀县

帽合山岩画位于金秀瑶族自治县桐木镇西北8公里处。崖画均为朱红颜色。崖画壁面前倾，保存基本完好，以人物为主。另外，还有马、龙、星、鸟、怪兽、云彩、符号、文字等。南面的银山、蝴蝶山原来也有岩画，近年因开山采石全部被毁。

⑪ 龙津县

岩画点距龙津县城约有百米水路。岩壁西南向，画像多集中在各个岩洞的上方。

3. 东南沿海系统

中国东南沿海有渤海、黄海、东海、南海四大海区。在辽阔的海面上，星罗棋布着数千个岛屿，沿海地区的港湾也很多。东南沿海的海岸山脉向外伸展，经海浪冲击后形成锯齿状的多岩海岸，有利于岩画的产生。

东南沿海地区的江苏、安徽、浙江、福建、广东、香港、澳门、台湾等地，现已发现著名的岩画点有江苏连云港将军崖岩画、福建华安仙字潭摩崖石刻、广东珠海高栏岛石刻画、台湾高雄万山岩雕群等等，大都与古代先民们的出海活动有关。内容以抽象的图案为主，皆采用凿刻的技法。

图一五　江苏连云港市将军崖岩刻

（1）江苏

① 连云港市

Ⅰ. 将军崖岩画

位于连云港市郊西南 9 公里处的锦屏山的将军崖，系凿刻或磨刻而成。共有三组画面，表现了人面像、农作物、星云图案、鸟兽图案以及各种符号（图一五）。

Ⅱ. 太阳石岩画

位于将军崖岩画东 22 公里处，刻在云台山脉东南渔湾山腰的一块 A 字形的巨石上。画面以太阳图为主，其间散布着十八个较小的象形图案和文字符号。农田图，呈井字形。朝阳图和午日图，表现了太阳、农田、圆圈等图案。

Ⅲ. 冈嘴山岩画

上有一船形岩画，船体有桅杆，船尾有舵，船头有桨。

② 灌云县

Ⅰ. 星相石岩画

位于灌云县大伊山卧龙岗，似为一组商代祭祀天地的星相石岩画。

Ⅱ. 大伊山岩画

其内容有圆穴、船只等。另在大伊山西麓，有梅花鹿的图像。

（2）安徽

① 淮北市

淮北岩画点位于淮北市北郊石台镇古楼乡境内的楼顶山上。画面向东，共五处。有四处图像轮廓线的边缘隆起，有人称是动物爬行而引起的地质变化。依刻痕的深度分为两类。一类刻痕较深、较宽，有四幅。第 1 幅画面内容有似飞鸟的线条。第2幅线条较流畅，图形抽象。第3、4幅刻痕漶漫难辨。另一类刻痕较浅、较窄。画面似两个大小不等的相交圆圈，上部圆圈略小，中有许多表意不明的刻划。

（3）浙江

仙居县

仙居岩画位于县西淡竹乡128米高的蝌蚪崖上，1985年经文物部门调查发现。在长方形崖面上，有人工镌刻的日纹、虫纹、鱼纹、草纹。

（4）福建

① 福州市

九曲山岩画在福州市南部城门镇林浦村九曲山瑞迹寺的后面。其中幅面较大的高约0.6、宽约1.3米，纹饰主要以云纹为主。岩画所在的石面下有一方井。

② 华安县

岩画广泛地分布于福建南部九龙江下游及其以东地区。除仙字潭之外，没有大面积、多图形的地点，一般是在孤零零的一块岩石上刻石作画。

Ⅰ.石井岩画

石井岩画位于华安县湖彬乡石井村（后溪林），主要凿刻有五个大小不等的圆形凹穴。

Ⅱ.石门坑岩画

该岩画点在华安县城东北，九龙江从其西侧流过。岩画磨刻在山上路边的一块孤石上，孤石旁边有深沟。画面最右边是套在一起的两个蹄印形。下边图像较密集，为十一个蹄印。

Ⅲ.草仔山岩画

该岩画点位于华安县马坑乡，岩画磨刻在一块孤石上。画面由五个蹄形印迹组成。另有数个蛇形图案。

Ⅳ.官畬岩画

岩画凿刻在华安县东南的新圩乡官畬村坟仔翰稻田边的一块孤石上。画面由七个符号构成,大致表现了蹄印和动物形。

Ⅴ.蕉林岩画

蕉林岩画位于华安县之南的新圩乡蕉林村。这里巨石棋布。岩画题材主要是蛇。

Ⅵ.高安岩画

该岩画点在县城西南的临溪。岩画由大小均等的十一个圆穴组成,可能是星象图。

Ⅶ.良村岩画

岩画点在良村乡芹岭村。画面的主题图案为十字形。除此之外,还散布有圆穴、足印,以及类似鸟形的刻划。

Ⅷ.仙字潭岩画

位于九龙江支流汰溪的北岸,地属华安县沙建乡苦田村。九龙江的支流汰溪由此流过,并折而东流,形成一个较大的河湾。岩画刻于临水的石壁上,人们以为是仙人题字,故名“仙字潭”。岩画分布面积长约30、高约2.5～5米,从西向东依次分为数组。内容以人面像、舞蹈及其他人物活动为主。图像中还散布着各种符号。

Ⅸ.湖林脚印岩画

在华安县湖林乡中心小学岭下溪边的石桥头,有男、女足迹各一个,间距约1米。另外,在湖林乡猴仔树岭中段,也有一脚印图像。

③ 东山县

岣嵝山岩画点在东山岛铜山古城东门海滨的岣嵝山上。第

1幅位于一块巨石上,凿刻的内容是以女性生殖器为主题的图案。第2幅位于一巨石之顶,在石顶正中有一圆形的大凹穴,坑底有一人足印。

④ 南靖县

Ⅰ.村雅村岩画

该岩画点在南靖县西南,地属南坑乡境内。岩画凿刻在山腰的一块孤石上,画面已十分模糊,经仔细辨认,有由三个蹄印套在一起的图案等。

Ⅱ."仙脚印"岩画

该岩画在船场乡梧宅至笔峰之间的八仙围棋山上。

⑤ 龙海市

Ⅰ.云洞岩画

云洞岩画位于漳州市以东约9公里处。该地隶属龙海市步文乡蔡坂村。岩画刻在近山顶的一片岩盘上,有人的足印和小圆穴等图像。

Ⅱ.太武山岩画

其位于龙海市港尾乡黄坑村的太武山上,内容主要是人的足印。

⑥ 漳浦县

Ⅰ.墓坑岩画

岩画位于漳浦县石榴乡寸石山上,凿刻在农田中一块孤石顶部,画面已遭破坏。据县文化馆的拓片,左侧有一个双臂上举的人,两腿叉开成一条直线。画面中部似有一动物形象,右侧有些符号。在这些图像之间,还有一些不规则的杂乱符号。

Ⅱ.海月岩岩画

岩画凿刻在海月岩南边的山顶岩盘上,内容为一些足印。

足印方向朝南。

Ⅲ．赵家堡岩画

内容为人的足印，不过画面已漫漶殆尽。

Ⅳ．石妈堡岩画

在县城东面 10 公里处的山脚下有一巨石，巨石周围又有小石围绕，似为一"社神石"的遗迹。石上刻有高浮雕，似女性生殖器。

Ⅴ．大荟山岩画

岩画在佛坛镇下坑村，与金门岛隔海相望。这里凿刻了两组岩画，共六幅画面，内容有马蹄形、小圆穴、同心半圆形、蛇形线刻等。另外，还有不少星座的图像，如北斗星座等，表现了浓郁的天体崇拜意识。

⑦ 云霄县

云宵岩画分布在莆美乡树洞村。第 1 地点在山涧小路南侧的大盘石上，内容有文字和图案。第 2 地点在山坡东南侧的几块大岩石上，凿刻有许多小圆穴。第 3 地点在山坡东南侧的一悬崖上。画面上凿刻着起伏的群山和行云流水，还有一轮圆月。

⑧ 诏安县

Ⅰ．龙山岩画

该岩画点在诏安县霞葛乡龙山上。

Ⅱ．溪口岩画

岩画在县城西北的官陂乡。画面上有一些蛇形线。在蛇形线的下方，散布着一些圆穴，可能表示蛇卵。

(5) 台湾

① 高雄县

万山岩雕群位于高雄浊口溪上源的万山溪北岸。该地为万山旧社，附近有三处岩画。

Ⅰ．孤巴察峨岩画

"孤巴察峨"原意是指有花纹的石头。此处的岩画也是这一带岩画中最精彩的。其内容有蛇纹、人头像、全身人像、云纹、圆涡纹、重圆纹、杯状坑（小圆穴）、凹点等十余类。

Ⅱ．祖布里里岩画

画面以圆穴、足掌纹为其表现的主题，并有几十个凹点零星散置着。整个图像分布在横向的带状区域中。

Ⅲ．莎娜奇勒娥岩画

岩石的上方为一自然凹坑，坑内凿有密集的小凹坑。从大凹坑内引伸出许多呈放射状的长线条，其间杂布着一些弯曲交叉的线条及小凹坑。所有的刻痕都很抽象，很难辨认出准确的图形或物象。

（6）广东

珠海市有岩画五处，其中在高栏岛宝镜湾的有四处。

Ⅰ．藏宝洞岩画

在宝镜湾北侧的风猛鹰山的半山腰处，两巨石相夹形成一洞。其东西两壁均有刻画。东壁岩画长约 5、高约 2.9 米，画幅巨大，线条繁复，表现了人物、船队、云纹、水波纹等内容。西壁岩画画面受损较为严重，长约 4.5、高约 1.5 米，风格与东壁画面相近。

Ⅱ．大坪石岩画

岩画位于宝镜湾藏宝洞顶部南侧。画面中心的图案似为两条船形，船下刻有类似人物或动物的形象。该画面所反映的内容，似与古人出海前为祈求平安而举行的祭祀活动有关。目前，岩画已严重风化，图像难以辨认。

Ⅲ．天才石岩画

岩画刻于宝镜湾沙滩南端的巨石上，因画面漫漶，其内容难以辨识。

Ⅳ．宝镜石岩画

在宝镜湾岸边有一块孤立的石头，上刻一个圆圈，圆圈内又有半月形弧线，并有圆点和短线。因形似一面古镜，故民间称"宝镜石"。现已毁坏。

Ⅴ．葫芦石岩画

岩画在珠海市平沙区连湾山腰处的西北斜坡上，主要刻有两个椭圆形图案，因略似葫芦，故人称"葫芦石"。画面右上角有一圆穴。

（7）澳门

寇娄岛岩画点位于卡括湾朝南的山谷里，岩画主要表现了船只和一些排列得井然有序的小圆穴（杯状穴）。另有棋盘形岩刻。

（8）香港

Ⅰ．石壁岩画

分下石壁和上石壁两处。下石壁岩画在香港大屿山南端。岩画表现的主题是正方形螺旋纹和同心圆。其中最大一幅岩画由六个正方形的螺纹组成。上石壁岩画刻于一块扁平圆石上，图形是由细小的方格组成的两个正方形。

Ⅱ．长洲岩画

位于长洲岛的东南部，距海岸线4米。石刻是在一块露天的巨石上，画面现侵蚀严重。有两组画面，均由一些曲线和圆穴构成，似有两蛇相向的图形。画面中间还散布着一些小圆穴。

Ⅲ.大浪湾岩画

该岩画点在香港岛东南大浪湾海滩的东侧。图像以曲线构成，表现的内容比较抽象，中央图案似为双"眼"，也有学者认为是有眼的蛇头。其左右及下方均有复杂的几何纹线。岩画面积较大，高0.9、宽1.8米，可能是表现鸟兽的图形，反映了原始的图腾崇拜。

Ⅳ.黄竹坑岩画

该岩画位于香港岛南黄竹坑的一小溪边。香港的岩画大都在海滨，惟此石刻深入内陆1公里。岩画画面以一些方形或圆形的涡旋纹图案为主，还有一些符号。图案内容比较抽象，有的似为兽面，有的像是一个舞蹈的女人。

Ⅴ.蒲台岛岩画

该岩画点在香港岛东南海中蒲台岛南端，是一朝南的岩画，距水面约5米，有一条石缝将其隔成两组岩画。西侧的一组高约1.35、宽0.5米，主题仍是一些纹饰。有些纹饰貌似兽面，有的似动物形象，还有一些为螺纹。

Ⅵ.东龙岩画

该岩画点在香港岛东面海中孤岛东龙洲，距海5米，高约1.8、宽约2.4米。岩画被一裂缝隔成两半，右侧画面上有一羽毛丰满、冠饰华丽的鸟。左侧画面十分抽象，有的学者认为表现的是鸟捕鱼的情景，或认为是一个带有头饰的人面像。东龙岩画是香港古石刻中最大的一处。

Ⅶ.龙虾湾岩画

该岩画点在九龙东部海边的龙虾湾路北侧。岩画刻于面东的一块大石上，刻痕已经很模糊。其画面上凿刻着大量繁密的横向曲线，粗看似群蛇，细细审之似有人面像和鸟兽纹样，难以确认。

Ⅷ. 滘西洲岩画

岩画点在香港滘西洲北岸上，距最高水位仅 2 米。岩画风化得极为严重，下半部分已漫漶难识，只依稀可见一些鸟兽图纹。

Ⅸ. 大庙湾岩画

该岩画为几条抽象的长曲线，含义不清[8]。

注　释

［1］高业荣《万山岩雕——台湾首次发现摩崖艺术之研究》第103页，台湾东益出版社1991年版。

［2］参见广西少数民族社会历史调查组编《花山崖壁画资料集》"关于花山崖壁画的传说"，广西民族出版社1963年版。

［3］（意）奥夫施莱特《西藏居民区的史前遗址发掘报告》，《石棺葬译文资料集》，1985年版。

［4］参见李永宪《西藏原始艺术》第179页，四川人民出版社1998年版。

［5］和力民《金沙江崖画发现记》，《民族工作》1993年第9期。

［6］*Rock Art Research*，Vol.13， November 1996， p.134.

［7］李祥石、沈自龙《贺兰山洞窟彩绘岩画》，《宁夏考古论文集》，宁夏人民出版社1996年版。

［8］本章"中国岩画分布的三个系统"一节关于中国岩画点的分布，由硕士研究生苏胜协助编写。

三　中国岩画的类型

岩画类型不仅与民族传统文化有着明显的联系，而且与社会经济、社会形态、时代变迁等也密切相关。20 世纪后期，对岩画类型的界定成为国际岩画界主要辩论的议题，意图以岩画类型来确定年代、分期和社会形态的倾向也越来越明显。

由于岩画类型与社会经济的类型有着密切的关系，人们常常以社会经济的类型来命名岩画的类型。同时，人们也可以从不同的岩画类型中，看出不同的文化类型和不同的历史时期。这里的岩画类型既与经济类型、文化类型有关，也与社会发展的阶段有关。

从旧石器时代晚期的狩猎者到现代的部落民族，人们都以岩画的形式记录人类长期活动的历史，内容包括早期人类的社会实践、哲学思想、宗教信仰、心理因素和美学观念等。

一系列材料说明，岩画中某种普遍反映的东西，如风格和内容，必然联系着特定的生活方式。它不仅影响人们的行为，同时也影响人们的思想、协作关系等。

不同类型的岩画艺术出现在不同的时期，早期是始于旧石器时代，延续到中石器时代，属于狩猎艺术；晚期是由从事复杂经济活动的人群创造，并一直延续到有文字的历史时期。

从社会学的角度看，岩画类型可以分为五种，即早期狩猎者、后期狩猎者、畜牧者、复杂经济者、农耕者。每种类型的特点，在世界各地皆可以发现，在时间上又有其相续的关系。

这种划分仅仅是粗线条的，但却可为研究工作提供一个有益的线索。

（一）狩猎者的岩画

猎取动物与采集野生的植物，是人类从远古时代就开始使用的经济手段。最初的人类是狩猎者和采集民。最早的人类社会，是一种迁徙游动的社会集团，成员超过百人的就算是大型的了。这也就限定了此种社会生活方式的特点。

现代狩猎民族多生存在自然条件恶劣的边远地区。换句话说，现代留给狩猎民族的生活圈，只是那些不利于农耕和产业社会的地区。

狩猎民族所处的自然环境，许多是极其恶劣的，但每个狩猎采集群体，却都有着能够适应这些环境的体质和文化。这种文化能适应于自然环境的各种情况，适应于他们狩猎采集的生活方式。从这里，我们也可以看到人类适应能力的范围与极限。

1. 狩猎文化与狩猎民族

在远古时代，狩猎是主要的生产活动。人类由猎取个别大型动物发展到猎取成群的动物，如在欧洲猎取鹿群、马群，在西南亚洲猎取野牛，在中国华北地区猎取野马、野猪、野鹿群等。

猎取成群的动物，要采取围猎的方法。往往是一个团体的全部成员都参加，除了利用捕兽器、陷阱等外，还广泛采用围赶的方式，把野兽赶下悬崖峭壁摔死。从近代民族学的资料中，也可对远古人类围猎的情景略窥一二。中国傣族《欢乐歌》是一首描绘围猎生活的作品：

> 男的列成队，分兵把路口。
>
> 女的排成行，进林去叫吼。
>
> 唔唔唔，哇哇哇，
>
> 嘘嘘嘘，沙沙沙，
>
> 花鹿跑出来，
>
> 麂子跳出来，
>
> 虎豹冲出来。
>
> 人们齐吼叫，举棍打过去，
>
> 打死虎，打死鹿，
>
> 活捉小麂子。
>
> 队伍真欢腾，
>
> 心中真兴奋，
>
> 动手扯野藤，
>
> 捆住野兽脚，抬着往回走。

这首歌谣无疑是狩猎生活的赞歌，歌中洋溢着氏族社会人们劳动的激情，也唱出了他们生活的情趣和艰辛，展现出紧张而热烈的狩猎场面。

从考古发掘方面的情况看，在法国的索鲁特遗址，发现的马骨约有 10000 件。而在乌克兰的阿木罗西耶夫遗址，发现的野牛遗骨占地约 200 平方米，厚约 1 米。在中国山西的峙峪遗址，初步统计有 120 匹野马、80 头野驴的遗骨。北京周口店山顶洞遗址也发现许多梅花鹿、野兔、虎、豹、洞熊等动物的遗骨。这些敌对性的、相互排斥的动物遗骨在一起被发现，说明它们都是山顶洞人捕获的猎物，也说明狩猎在原始社会中的重要地位。

人类的狩猎活动延续的时间很长，当游牧经济，甚至农耕经济产生以后，狩猎活动仍有可能继续。西藏的狩猎岩画所表现的狩猎生产方式已具有相当的进步性质。从经济生产的发展阶段上来看，岩画中的狩猎生产已经脱离了旧石器时代的"采集狩猎"的原始阶段，而进入了相对成熟和进步的生产型狩猎阶段。其明显标志，一是狩猎者已经使用金属武器或工具，二是狩猎方式出现了骑猎（拥有马匹）等多种方式，三是猎获对象基本上都是大型动物。从画面上看，人们所使用的狩猎工具主要有弓箭、弩机、长矛、长刀及套索等，同时，还豢养猎鹰、猎犬等作为狩猎的辅助工具。在狩猎技术上，能运用多种手段捕获猎物，如多人围猎、追猎、设伏等。在日土县鲁日朗卡地点的狩猎岩画中，描绘了数只猎犬守围在一近方形的陷坑外准备捕获猎物的情景。该地点的另一幅岩画则表现了三名骑马的猎人围猎两头野牦牛的场面。在牦牛的上方有数只猎鹰盘旋飞舞，意在阻止猎物逃走。在藏北纳木错湖西岸的其多山洞穴岩画中，画有一头背部中箭的野牦牛，箭头已深达牦牛的体内。这个画面充分表现了狩猎者在长期的生产过程中积累的丰富经验，以及对动物习性的了解。对于富有经验的猎手来说，只要能射中动物的背部，使其脊椎受伤，动物很快就会丧失奔跑能力（图一六）。

狩猎岩画作为中国北方和西北高原岩画的主要类型，既是古代以狩猎生产为主的部落集团，对当时生产活动形象化的记录，又是当时人们传达精神世界内涵的表现形式，而且还可能与原始宗教和巫术意识有关。

狩猎活动对自然环境与动物资源依赖性很大，危险性也很大，特别是在狩猎工具十分简陋及狩猎者受到自然崇拜观念束缚的情况下。因此，人们在狩猎之前必先祭祀山神，向山神祈

1

2

图一六　西藏岩画中的狩猎者（摹绘）

1. 藏北加林山岩画　2. 日土县康巴塔岩画

求恩赐。

　　中国鄂温克族猎熊，而熊是该民族的图腾动物，其民俗仪式就更复杂。他们把熊皮当偶像，称呼公熊为"和克"，即祖父之意；称母熊为"额我"，即祖母的意思。猎熊为避讳而说成是"我们去做客"，猎枪则称"吹火筒"，熊被打死说是熊"睡了"，而且在狩猎时还要不断地表白：不是我们鄂温克族人打死了你，是别人打死的。吃熊肉时，大家都要学乌鸦叫，以表示不是鄂温克族人吃而是乌鸦在吃。人们怀着敬畏与恐惧的复杂心态为熊举行葬礼，对熊的部分器官磕头礼拜，还要故作悲痛之态。这些举措只是为了取得熊的谅解，也是为了自身得到精神上的解脱，减少负罪感。在狩猎者心目中，猎物既是良友，亦是仇敌。一方面，猎物为人们提供衣食之资；另一方面，猎人与猎物搏斗，受到伤害是意料中事。把猎物供奉为图腾，并采取各种仪式，是人们用原始宗教调节爱与恨情绪的一种方式。

2．早期狩猎者岩画与后期狩猎者岩画

狩猎者的岩画体现着古代的狩猎经济和狩猎文化，分为早期狩猎者岩画与后期狩猎者岩画。

早期狩猎者岩画，作者是捕猎巨大动物的狩猎者。他们还不知道使用弓箭，岩画中出现符号与形象，但没有加以构图的场面。作品主要是合理的相续关系和隐喻的内容，而这些往往是结合在一起的。

早期狩猎者岩画，主要描绘巨大的动物和一些符号。在中国北方的岩画中，巨大动物包括野牛、老虎、马和骆驼等。它们被刻画在如今已是沙漠或半沙漠的地区的山崖上，形象往往是单个的，但表现的手法却比较写实。早期的作品往往被后期的作品所覆盖，因而常常被人们忽略。

与早期狩猎者相联系的，还有早期采集者。这种艺术的实践者主要的经济基础是采集野果。这种岩画表现的是简单的形式和隐喻的图形，描绘出一种超现实世界。许多这种类型的艺术似乎是产生于一种幻觉的状态之中。

后期狩猎者岩画，这种艺术的实践者已懂得使用弓箭。他们所表现的内容主要是狩猎和集体的场景。后期猎人岩画具有概念化的艺术风格，描绘的是一些精力充沛的人，他们携带着弓箭。这种类型最典型的表现是西班牙黎凡特的崖壁画艺术。

后期狩猎者岩画描绘狩猎及其他日常生活的场景。样式化却充满活力的带着弓箭的人物，在岩画中经常可以见到。中国北方的后期狩猎者岩画都是凿刻的。除了狩猎场景之外，对舞蹈、战争和交媾等内容也都有所表现。

人面像也是常见的题材，反映出极富浪漫主义的想象力。这种人面像的岩画显然与原始人类的宗教信仰有关。

除了动物形象外，狩猎社会后期的岩画还包括众多的简单图形，以及有些可能属于象形文字的简图阶段。它存在于旧石器时代的晚期到新石器时代，在欧洲主要发现于沿地中海地区的西班牙、法国和意大利。几种具有地方风格的岩画，如同迷宫一样的图案、线条、符号和其他，似乎与数字有关。在一万一千年至八千年之前的岩画，包括意大利罗曼尼里安的岩画和西班牙及法国南部拉克西风格的岩刻。类似的岩画还发现于地中海沿岸的土耳其、以色列、摩洛哥和阿尔及利亚。

世界各地不同形态的狩猎采集文化在许多方面有着共通之处。这是由狩猎采集生活的方式决定的。同时，这种文化又是在相当长时间内，即占人类历史 90% 的时间内，极度稳定的文化形态。

中国后期狩猎者的岩画中的猎人手持弓箭，根据地区的不同，猎取羚羊、鹿，或其他中等大小的动物。他们在内蒙古、宁夏和其他地区，一小群、一小群地生活着，有些部落的历史可以追溯到几千年前。这种被岩画表现的生活方式也持续很久，当中原地区的文明已高度发展的时候，其在边陲地区仍然被保持着。

在中国的北方草原，这种文化延续的时间很长。它在物质方面是"原始"的，但决不能说是"低级"的文化。研究这种文化，可以明确以后人类诸文化的基元型式，也有利于探寻人类之所以为人类的基本条件。

3．狩猎岩画种种

在中国狩猎者岩画中，有表现集体围猎轰赶的，也有表现设陷阱或设栅栏围捕的。如在云南沧源崖画中有设栅捉猴的画面，在西藏阿里地区的岩画中有用陷阱猎取野牛的画面。狩猎使用的工具有石球、棍棒，后来更多的是弓箭。有步猎的，也有的是骑猎。个人狩猎大都持弓而射，可见年代较晚。

（1）新疆松哈尔沟洞窟彩绘岩画

松哈尔沟在新疆阿勒泰地区哈巴河县。松哈尔沟岩洞洞顶赭绘一幅高2.5、宽4.5米的巨幅岩画，上有马三匹、牛六头、虎一只、羊两只、人十三个、手印八个、脚印两个。另外，还有许多封闭、半封闭的圆点和短杠。画面中绘有许多人物，但仅有一个带尾饰的猎人持弓箭及盾牌，而其弓箭又较笨重，可见在那时弓箭的使用还不太普遍（图一七）。

在阿尔泰山的草原，远古是以野山羊和盘羊最为多见，可这幅围猎图中却以追捕马、牛为主。图中被围入包围圈的都是大兽，那时马还未被人圈养，画的应全是野马，而野马一般都是短鬃、短尾。这些特征在图中自左至右的第三匹野马上表现得十分清楚。

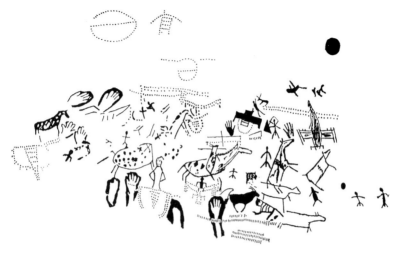

图一七　新疆哈巴河县松哈尔沟洞窟彩绘岩画（摹绘）

　　从这幅围猎图中还可看到在弓箭简陋的情况下，当时的人类是如何巧妙地把猎捕对象包围起来的。图中除一个持弓的猎人外，其余的人都分散在四周徒手并带有尾饰。他们正在呐喊，驱赶野兽。另外，周围还有大小不等的手印和脚印，尤以手印为最多，表示手的灵力无边，可以战胜一切妖魔鬼怪和猛禽巨兽。在原始人的心目中，手是胜利和力量的象征，脚印更是繁育子孙、人口兴旺的标志，所以在马、牛周围都图绘巨手以挡住他们的逃奔。同时，在马、牛周围还广设如短杠般的栅栏，封闭及半封闭的沟壕、陷阱等。这些都用各种各样的圆点来表示。

　　围猎图的右上方以赭色描绘了一个巨大的太阳，说明远古狩猎民十分崇拜太阳和太阳神。右边有一个比太阳小好几倍的月亮，表明远古人也十分崇拜月亮和月亮神。同样的情况，在新疆特克斯县阿克塔斯洞窟中以赭色涂绘大小三个太阳，洞外则绘有三个太阳和一个月亮，而富蕴县唐巴勒塔斯洞窟顶上也以赭色涂绘两个太阳，可见远古时代崇拜太阳是普遍而突出的现象。

（2）云南金沙江岩画

金沙江崖画系用朱色矿物颜料绘制，图像主要有野牛、野猪、岩羊、鹿、山驴、麂子等。此外，还有人物、道路、猎网、箭及一些几何图形。其内容都是与狩猎活动联系在一起的。这里的野生动物图像还与宗教活动有关。其中野牛崖壁画特别值得重视。在几个岩画点都可以找到野牛的形象，而且往往是被画在岩壁的中心位置。野牛画得很大，很醒目。夯桑柯柯明洞中的野牛长达 2.3 米，而娄布敖空岩洞中的野牛竟长达 3.8 米，用线条勾勒轮廓，笔划线条粗达 8 厘米。在这些洞窟中，其他动物或画在大野牛的旁边，或画在大野牛的身上，可见在这里大野牛是作为图腾崇拜物而被绘制的。或许，这种对猎物野牛的崇拜和鄂温克族猎熊仪式的意义相同。

这些野牛的形体很大，造型准确，单线勾勒，使人不禁联想到欧洲旧石器时代洞窟崖壁画中的动物形象。

夯桑柯三个岩画点前都有能容几十个人站立的平台空地，先民们当时可能就是在这里，面对着崖壁画上的图腾形象，举行着集体的宗教祭祀活动。其崖画反映的正是狩猎经济的思想意识。

（3）草原上的鹰

在狩猎的画面中，有时会出现鹰的形象，如甘肃的黑山岩画中就有多幅。其一，猎人骑马追逐一只野驼，高空中有一鹰在翱翔；其二，骑者追逐即将分头逃窜的野牛，弯弓待射，一鹰则低空相随；其三，是徒步的猎者在五条猎犬的协助下，正在射猎一头野牛，天空中有三只鹰盘旋相随。鹰的出现，不仅增加了生活的情趣，而且也加强了狩猎的紧张气氛，艺术构思极为巧妙。

此外，有的比较程式化的鹰的形象与作为狩猎辅助工具的猎鹰不同，其造型多为正面形象，双翅展开，头部偏向一侧，尾部呈正三角形，与正面的人形比较相似。内蒙古岩画中多次发现这种形体巨大的鹰的形象，而且往往出现在画面的主要位置，有的还出现在与神灵崇拜有关的画面旁边。在西藏日土县塔康巴地点还发现了两只造型完全相同的鹰相对的图案，说明岩画作者对鹰的刻画已不单纯是对某种动物的写生或模仿，而具有按照人们的意识进行对称组合的模式化意义。可以推测，鹰的形象在高原原始文化中很早就有了神灵崇拜的意义。

（4）野生动物与老虎岩画

狩猎经济与野生动物联系在一起，而在野生动物中，老虎

图一八　宁夏贺兰山大西峰沟老虎岩刻（拓本）

又是十分突出的（图一八）。在生活中举足轻重，在艺术中自然也占有重要的位置。

甘肃的黑山岩画中所刻的老虎图像，线条流畅。其中以红柳沟岩画点发现的虎的图形较多，且分布在该沟岩壁的顶端。另外，在内蒙古乌拉特后旗巴日沟里还有一幅群虎图。其凿刻在沟东畔灰白色的石壁上，画中六只带有斑纹的老虎十分显眼。最左边的一只幼虎，脖子前面有三个圆点。另一只老虎嘴里叼着一只小虎仔。中间是两只大老虎，由一只小动物连在一起。右边的两只大老虎，嘴部相连。老虎的周围挤满许多动物，有马、骆驼、小鹿。它们或依或吊在老虎的尾上或腹下。作品构图巧妙，形象生动，是一幅难得的精品。

在新疆天山南麓的柯尔加依岩画点一块崩落的大石块上，刻有十分逼真的老虎形象，虎身凿有回纹和弧线。其俯伏的姿态及竖立的双耳给人一种威慑的感觉。这种虎形的图案，在1985年且末县扎洪鲁克古墓（约2800～3000年前）中出土的毛织品上也可以看到。与其虎形风格近似的纯金饰件（公元前5～前4世纪），在乌鲁木齐南山矿区周围的匈奴古墓中也有发现。

（二）游牧者的岩画

在亚洲，特别是在中亚，家养的牛是畜牧人岩画的主要题材之一，其次是山羊和绵羊，骆驼的形象后来才开始在岩画中出现。许多岩画描写狩猎、田园风情和日常生活等场景，宗教祭祀和神话题材也经常出现在画面中，反映出其丰富的精神生活。

游牧者风格的岩画体现着畜牧文化。这种艺术的实践者主要的经济活动是畜牧，岩画作品也集中表现了家畜形象与家庭生活的场景。

在中国的北方草原，广泛地分布着游牧者岩画，其特点与亚洲其他地区的牧人岩画大致相同。这种岩画的表现特点是多种多样的。无论在内蒙古或新疆，这种艺术都与蒙古国和哈萨克斯坦牧区有联系，反映出至今仍然保留下来的古老风俗。虽然早期游牧者岩画的年代是相当古老的，但这些艺术的大多数，在编年学上与混合经济的早期阶段是相平行的。

狩猎者岩画主要描绘野生动物、狩猎场景和原始宗教。畜牧业发展之后，在畜牧风格岩画中，驯养的动物逐渐占据了主要的位置，出现了放牧的场面。狗是最早被驯养的动物之一，但它在画面上出现时往往是作为牧人的助手。属于畜牧文化风格的牧人岩画，主要题材是驯养的羊群和牛群。在中国云南的岩画中，出现了成群的长着峰瘤的牛。羊是主要的家养动物，但在放牧羊群的画面中却常常没有表现牧人。在阴山岩画中还出现一幅牧羊犬放牧羊群的画面。在畜牧风格的岩画中，动物往往成群地出现，有的又常常被样式化了，组成一幅巧妙的图案，即人们常说的"动物风格"。这在欧亚大草原上是一种非常流行的艺术风格（图一九）。

1. 北方草原的游牧者岩画

畜牧是由饲养成群的家畜而形成的一种生活方式。正是这种生活方式，形成了游牧文化的特色。

游牧逐水草而动，游牧民则遵从畜群的运动规律安排自己的生活。在远古时代，牲畜作为群居性的食草动物，主要生息于欧亚大陆以草原、高原、沙漠为主的干燥地带。北起蒙古草

图一九　内蒙古阿拉善右旗曼德山岩刻（摹绘）

原，贯通亚欧大陆，并与北非沙漠相连，是畜牧文化的中心。

在中亚草原，牧民的移动是相当随意和不规则的。游牧民族很难过定居生活，也没有村落。此外，流动的生活致使游牧圈必然相当辽阔，故人口密度很低。

在畜牧文化中，人类的衣食之资绝大部分来自家畜。除食用外，家畜还可以作运输、骑乘。其皮革可以制作衣服、靴子、帐篷，鬃毛可以做织物、毡子，筋腱可以做缝线和弓弦，骨角可以做箭头和容器，粪便则可作燃料。

中国的北方和西北的民族很早以前就发展了畜牧业经济。其生活方式与游牧经济密切相关，如多食肉、服毛皮、居毡幕、用骑乘。随着时间的发展，这些传统虽然有所演变，但仍保持着游牧文化的基本特色。

（1）牛、绵羊、山羊岩画

牛科的畜牧圈主要是从蒙古高原到亚洲中央高原，这里是牛、绵羊、山羊、马和骆驼的复合畜牧群的活动场所。在欧洲，以阿尔卑斯山地区为中心，也形成了以牛、绵羊为主的复合畜牧圈。在非洲，以东非为中心的萨瓦恩纳是牛科动物的畜牧圈。中国的西藏高原则是牦牛的畜牧圈。

大体说来，绵羊和山羊的分布与牛科动物的分布一致，是其补充。许多地方都以绵羊饲养为主，同时也饲养着山羊。大量饲养绵羊和山羊的地区有蒙古、中亚、阿拉伯半岛、地中海沿岸等。中国北方草原的岩画中，出现极多数量的牛、绵羊和山羊的图形，则说明这一带即是此类动物主要的分布区。

在宁夏的贺兰山岩画中，我们也可以看到驯养的牛羊的形象。羊的数量很多，有山羊和绵羊。一般采用放牧和圈养两种方式。牧人或领牧或赶牧，一群群散布在广阔的草地上。而圈养的形式，圈栏一般有方形、圆形、不规则形等几种。有的圈栏内分成数部分，圈栏周围还散布着群羊。围栏的出现，起初是用来圈养那些一时吃不了的动物，而后人们开始大量修建畜圈，则是为了避免夜间动物走失和提防野兽的侵袭。

（2）马匹岩画

有人说，人类所做到的最高贵的征服之一，就是征服了豪迈骠悍的动物——马。的确，自人类征服了马以后，马就成为人类最忠实的伙伴，并且在人类的发展进程中起着不可忽视的作用。

差不多在整个原始社会时期，人们只能徒步行走，最常携带的是木棒、筐、篮和网袋。最初人们利用狗，后来，又用牛马和骆驼等作为运载和拖拉东西的工具。在后期的牧业社会中，马匹用于骑乘、运输、狩猎，牧民们很少专门食用马肉。

马是中国各地岩画中最常见的题材之一，有马群、骑马、牧马、牵马、套马、驮货马、马拉车等等，足见马在当时社会中充当着极为重要的角色。

牧马的图像在贺兰山岩画中所见较多，群马漫步于草原之上，牧人立于一旁，也有的骑在马上放牧。马匹的主要功能是乘骑和拉车。游牧民族随季节、气候逐水草而牧，有时还要进行长距离、大规模的迁徙，这主要是要依靠马的力量。平时狩猎、放牧也多是骑马出行。马拉车的画面在贺兰山和中国北方各地的岩画中常可见到。

（3）蹄印岩画

蹄印是岩画中极为古老的形式。公元6世纪郦道元《水经注》的河水、沔水、若水、洛水、淄水、沅水和夷水诸条中，就记载有关于动物蹄印岩画的事。

根据现在的发现，中国北方草原岩画中有许多蹄印岩画。例如，在反映发达的畜牧经济的乌兰察布草原岩画中，蹄印就是最为普遍的题材之一，数量之多仅次于动物图形。蹄印岩画是牧业文明在艺术上的反映。其创作的年代虽然不排除有狩猎时代的，但主要还是畜牧时代的。

在乌兰察布草原夏勒口的蹄印岩画有单个的，也有成群出现、又多又密挤在一起的。有些很写实，有些又变形得很厉害。有一块巨石，北高南低，形成略为倾斜的坡面，上面刻了大大小小约百来个马、牛、鹿、羊等的蹄印。蹄印的形状总是上部圆，而底部开口。蹄印中混杂着小圆穴的图形，有圆形和

椭圆形的。在畜牧业时代，家畜对人类的生活起着决定作用，
是其赖以生存的支柱。蹄印代表着牲畜，刻制蹄印题材的岩
画，是对畜牧民们赖以生存的牲畜的祝福与崇拜。

对蹄印意义的解释有很多，有一种意见认为蹄印表示女性
的生殖器，与部族繁衍和动物增产有关，是生殖崇拜的象征。
据内蒙古乌兰察布草原的牧民说，每当牧民们感到牲畜繁殖太
慢，或瘟疫使大批牲畜死亡时，他们便到附近山上，选择风水
好的地方，凿刻许多牲畜蹄印，以祈求牲畜兴旺和避免灾祸。
再如，青海刚察县吉尔孟乡的哈龙沟有一组蹄印岩刻，刻在一
块巨石上，石面朝南，周围绿草如茵，常有求生育的妇女，近
前抚摸、膜拜。这些蹄印岩画当与生殖崇拜有关。既然在畜牧
时代家畜被神化，而蹄印又被视为牲畜的象征和财富的符号，
所以刻制蹄印岩画往往与动物的繁殖和占有思想联系在一起。
这也是顺理成章的事。

2．西藏高原的游牧者岩画

（1）西藏岩画中的牦牛

牦牛是分布于西藏高原的牛科动物。野生种的牦牛成群生
息于海拔高度4500～6500米的高山草地，多为黑褐色，身高
可达1.6米。家养的牦牛形体小于野牦牛，色彩则较为丰富，
有花白色、深褐色、黑色等，是山地高原的主要役畜。肉、奶
可食用，毛可用于纺织，粪便可作燃料，是高原牧民的生活依
靠。

牦牛是西藏高原最具有地域特征的动物，也是中国青藏高
原游牧经济岩画中经常表现的对象。岩画制作者对牛的观察是
很细致的，在创作中有很强的概括力，所表现的对象多小头、
大角，肩胛带有夸张的隆起。若是野牛，则突出圆球形的尾

巴；若是牦牛，则表现为长而散的尾巴。嘉林山岩画表现了骑马的牧人对牦牛群实行"领牧"的放牧方式。在日土县那布龙岩画点，则有徒步牧人在牛群之后赶牧的场面。在革吉盐湖岩画中，还有表现骑马牧人跟随在牦牛群中的散牧形式。

人们对于牦牛似乎有着一种不同于其他动物的喜爱或崇拜，经常将牦牛的形体夸张成几倍于实际大小的巨型动物，这应是表现了人们除了将其作为放牧的牲畜外，还赋予它某种灵性而加以崇拜（图二〇）。

图二〇　西藏日土县游牧者岩画（摹绘）

（2）藏北嘉林山岩画

这是位于藏北无人区的岩画群。藏北无人区，荒漠空旷，气候恶劣，空气稀薄，草木难生。但也是块宝地，有着众多的盐湖、奇异的温泉、珍稀的动物和品类繁多的植物。

藏北高原在藏语中称为"羌塘"，意为北方的平原。它是西藏的中心地带，平均海拔达 5000 米左右，现今大部分地区已是人迹罕至，故有"藏北无人区"之称。

藏北不仅仅只是冰雪，也有历史，也有文化，也有故事，就在这样的无人区也发现了岩画。它经历了高原的风雪、阳光和蓝天的孕育，经历着单调的旷野和顽强的生存斗争，表现出高原人们一种悲壮和虔诚的精神状态。

藏北嘉林山"远看是山，近看是川"。这是藏北高原的一大特点。嘉林山是一片不高的丘陵，秃秃的山包，远处有雪山环绕。据当地藏民介绍，这一带在过去每年只有夏秋两季才从西边流动来一些牛羊和帐篷，入冬前又往东迁移了。

其岩刻里表现的内容有放牧、迁徙、狩猎、牦牛、羚羊、野马、牛羊、帐篷、符号、人畜与狼的搏斗，以及简单的原始祭祀等。这些作品体现出藏北高原畜牧经济的面貌。

佛教的影响在这里是难觅踪影的，因为羌塘草原一带的文部、双湖地区，是古象雄活动的地区。自古以来，这里就是西藏原始拜物教本教的领地。

岩刻除了表现狩猎和放牧，还有耕耘的内容，可见当时的农牧业已经发展到一定的水平。这对于研究藏民族的起源和文化的发祥地及青藏高原气候的变化，都具有重要的价值。过去，西藏只发现了山南文化、阿里香雄文化、昌都卡若文化，始终没有想到藏北高原还保存着史前文化。嘉林山岩刻的发现，意味着可能要重新改写藏族发源于山南和雅鲁藏布江的历史。

（3）西藏扎西岛岩画

藏北高原众多的湖泊和辽阔的草原，是孕育游牧文化的摇篮。这些地点的附近有大片的沼泽或有河流通过。扎西岛有着美丽多姿的溶岩地貌景观，由于湖水溶蚀的作用，到处可以看到溶洞、石柱等等。每当春末夏初，成群的野鸭、天鹅来此栖息。广阔的湖滨生长着火绒草、苔藓等植物，水草肥美，一向是当地牧民理想的天然牧场。

扎西岛崖壁画大部分是涂绘在天然洞穴和岩厦中，多数是以红色颜料绘成，少数崖壁画则使用了黑色颜料。使用黑色的只有第1地点和第11地点的部分图像，其余各点均用赭红色矿物颜料。绘画技法分线描与平涂两种，而凿刻的岩画在此未发现。这与西藏已经发现的阿里日土、定日门吉、藏北嘉林山等地岩画的制作方法迥然不同。

其早期的作品表现射猎、舞蹈、祭祀、巫师、放牧等题材。畜牧岩画中，有一幅著名的牵羊人物（图二一）。在扎西岛的第10地点，绘一鼓胸细腰行走的人，右手执刀，左手牵羊，两腿间画有生殖器。早期作画方式以粗线描绘为主，平涂的较少，人物皆不画细节，且不着装，有的还裸露出生殖器。中期人物绘有服装，为宽松的长袍，与藏民族古老的习俗一致。晚期崖壁画出现经幡、佛像、八吉祥、云朵等与佛教内容有关的图像，画风也较为细致。

3. 游牧岩画种种

在游牧者岩画中，人与动物之间的关系变得亲昵，动物不再使人们畏惧甚至被崇拜。它们在岩画里的形象显得悠然自得，造型也更富有情趣，或俯首觅食，或昂首漫步，体现出动

图二一　西藏当雄县纳木错湖扎西岛岩画（摹绘）

物在牧人驯服下的一种温顺。

（1）新疆岩画放牧图

新疆库鲁克山有几幅这样的作品。两幅牧驼图，一幅牧人骑驼放牧一群骆驼；另一幅牧人正挥动双臂，把躺在地上的骆驼驱赶起来。一幅牧马图，放牧的环境描绘得很具体。在高山陡坡之上，树木丰茂，旭日东升，树下有三匹马一字排开，牧人骑马放牧。整幅作品犹如一首悠扬而又舒缓的牧歌。

新疆裕民县红石头泉也发现一幅以放牧为题材的岩刻。画幅以毡帐为中心，周围有一群牛羊，牧人们有的伫立在帐前，挥动双臂驱赶羊群，有的正在帐后骑马追赶着离群的羊只，帐内有一只狗在守卫。类似的场景在今天新疆北部草原地区的现实生活中仍能看到。

新疆富蕴县唐巴勒塔斯岩画，哈萨克语意为"有文字的石头"，其中刻有一幅放牧图。画面左侧是一个戴尖顶帽的骑者，有一只小狗迎着跑过去；右侧是一个戴尖顶帽、着长袍、穿长靴的人。这是一幅洋溢着浓厚生活气息的作品。空中翱翔的一只雄鹰和周围几个符号，使画面更活跃，也更富内涵。

位于天山北麓前山带的米泉县白杨河乡的独山子村岩画，凿刻在山坡大大小小的石头上，不下二三百幅。其历经风雨侵蚀，部分岩画已难于辨认。岩画内容十分丰富，是天山地区牧业文明的真实记录。有一幅岩画中凿刻有拿鞭的牧人，驱赶着十只大角羊。这些羊群在牧人的驱赶下，缓缓地走向草原，一只大羊还回头张望，表现出一派牲畜肥壮的兴旺景象。

（2）云南沧源崖画牧牛图

在中国南方的岩画中，同样可以发现许多描绘放牧生活的画面。例如云南的沧源崖画，其中就有数幅人牵牛的图像，在第6地点可以辨认出来的达六七处之多。有一幅1米见方的岩画，以一牛为中心，牛角细长而弯曲，背隆起，尾甚长。前有三人拉着套在牛颈上的绳索，最前面的一人扯着牛鼻。牛后亦有三人，伸臂驱赶，其中一人饰有圆形耳环。从画面上看，当时放牧的方式似为"野牧法"。牧人们选中头牛，套其脖颈，强拉回去，其他牛亦会随之而去。过去在中国南方有些还停留在刀耕火种时代的少数民族，对家畜的饲养即采取野牧的方法，如怒族、傈僳族、独龙族、佤族等。他们都是把牲口放于野外，任其自由觅食，既无人看管，也无牲畜栏圈，只是到需要的时候才去捕捉。在另一幅画面上，我们可以看到，在被拉的头牛之后，有一排牛相随。这种画面或许包含有拉牛回来举行盛大的祭祀活动的意义，是某种宗教仪式的一部分，所以在沧源崖画中被反复地加以表现（图二二）。

图二二 云南沧源县崖画第 6 岩画点岩画（摹绘）

沧源崖画中有许多水牛的图像。在亚洲，饲养水牛大多数为耕田。在云南沧源崖画中，我们可以看到许多牧养水牛的画面。粮食脱粒的场面，在岩画中也可以看到。这些都是农耕文化的表现。

（3）北方岩画中的车辆

在大草原上，牧民们逐水草而居，不断地从一个营地迁徙到另一个营地。每当此时，就会看到在云彩般的羊群后面，一列长长的勒勒车，一辆接着一辆，在草原上慢悠悠地移动着。羊群、青草、白云、勒勒车，构成了富有诗情画意的长卷。

勒勒车，蒙古人称作"特尔格"。其构造的特点就是车轮特别高大，便于在草丛、灌木、沼泽、溪流中行进。勒勒车有古老的历史。在距今三千年以前，居住在阿尔泰山北麓的斯基泰人（塞人），就已经使用高轮车。天山南北都曾行走高轮大车。丁零人在新疆活动，游牧是"乘高车，逐水草"。那时，丁零人早已在商周文化影响下创造并使用了车辆，所以他们后来被称为高车部落。《魏书·高车传》中说：其"车轮高大，辐数至多"。丁零型的车辆岩画，在裕民县巴尔达库尔岩画中的车辐有十二根，伊吾县岩画车辐也是十二根，哈密沁城的车辆车辐为十根，而内蒙古阴山发现的车辐竟有十六根之多。这些都证明了汉文史籍记载的正确。

在天山北麓，自伊吾县向西经巴里坤草原，沿着天山北麓向中亚，古代行走着高轮大车。伊吾前山的车辆岩画和巴里坤县兰州湾子的两幅车辆岩画，以及李家湾子的一幅车辆岩画，都是这段历史的明证。

车辆是中国北方草原地带青铜时代至早期铁器时代（夏至战国时期）常见的岩画题材之一，在内蒙古、宁夏、新疆、青海都曾发现过。值得注意的是，这种车子的结构均为双轮、单辕、有舆（车箱），大部分驾双马。舆有的是半圆形，有的是圆形，有的则是方形。车轮有的是密实的圆板，更多的有四至八根不等的辐条。

这些车辆岩画中所表现的高轮大车辐条的数量是不同的，有八根、十根、十二根的，也有四五根的。辐条数量的多少可能反映出民族和时期的不同。在新疆地区，古代活动的不仅只是丁零人、塞人，还有匈奴人、姑师人。这些曾在天山南北游牧的民族，同样在远古时的天山南北行走着高车。见于中国北方草原等地的车辆岩画，是那个时代特有的一种文化现象。在那个时代，随着畜牧业的兴盛，交通空前发展起来，不但发明了车，而且还将其用于作战和商业贸易中。这些真实的历史，尽管史书语焉未详，但凿刻在石头上的历史却更真切动人（图二三）。

（4）曼德拉山的帐篷岩画

在草原上，白色的蒙古包特别引人注目。从远处望去，它

图二三　北方岩画中的车辆（摹绘）

1. 内蒙古乌兰察布岩画　2. 新疆阿勒泰地区岩画

宛如张开的遮阳伞，与天上的白云相呼应，给草原增添了无穷的生活情趣。

　　蒙古包作尖顶圆筒形。在古代汉语里，把物体隆起称作"穹"，把居室称作"庐"，于是蒙古包在古代有"穹庐"之称。蒙古包是以纵横交错的网格状的木架为骨，蒙语称为"哈那"。蒙古包的大小以哈那的多少而定，有六块、八块、十块不等，一般以六块居多。蒙古包的顶部，是伞形的木架，蒙语叫"陶敖"。蒙古包的外部则围上毛毡，以保温防寒。蒙古包作圆筒形，大约与防御风沙及减缓风沙的侵害有关。

　　内蒙古的乌拉特后旗大坝沟沟附近，有一幅凿刻着蒙古包式穹庐形建筑的岩画。其所表现的正是匈奴、回鹘、突厥"穹庐毡帐"的传统居住的方式，与今日的蒙古包外观大体一致。但是从目前发现的岩画情况看，这并非北方草原最早的居住方式。

　　游牧人发明的最早住房是一种帐幕。其用若干树枝搭成。为了使其坚固，还要搭若干横杆与之交叉，外面蒙盖兽皮或畜皮，呈圆锥状，顶端还露有树枝。这种既简单又实用的建筑样式，在亚洲和北美分布极广，延续时间也很长。这便是在曼德拉山第二处发现的帐篷形图画[1]。

　　曼德拉山的帐幕岩画，揭示了大约在青铜时代或更早的时候，内蒙古西部一带的居民已从天然住宅——山洞，搬进了帐幕中。居住条件的变化，反映了他们已从攫取性的生活方式——狩猎业，转向生产性经济——畜牧业了。

　　岩画描绘了由十八座帐篷组成的村落。正中是一座最大的帐篷，余者在其左右各分上下两排排列，布局井然有序，主次分明。正中的大帐篷，是村子的主体建筑，应是氏族或部落酋

长的住房，或是氏族首领召开会议的地方，两旁是氏族成员的
住房。岩画中的帐篷已形成聚落形态，村落旁有马匹往来，一
派人畜兴旺的景象，反映的是氏族成员屯营在一起游牧的集体
经营方式。

这样看来，中国北方草原的游牧民族在蒙古包式的穹庐毡
帐之前，应该还有一个帐篷阶段。穹庐大约从战国时期匈奴人
中开始流行。其最大特点是天幕状的毡帐。除匈奴人外，乌桓
与鲜卑人也是住穹庐。而原先的帐篷形式则为鄂伦春、鄂温克
等民族所继承，并一直沿用下来。

阿拉善右旗曼德拉山岩画的内容极其丰富，反映的是游牧
者的文化。其基础是畜牧经济。

（三）混合经济的岩画

1. 中国大部分地区的岩画具有混合经济的特点

从目前掌握的资料看，中国大部分地区的岩画具有"混合
经济"的特点。它们主要是由早期农耕地区或其边缘地区的人
们所作，内容非常复杂。具有"混合经济"特点的岩画，也具
有非常突出的地方特色。这在中国南方岩画中表现得尤为突
出，既有农耕生产者的内容，也有游牧的题材，有时候还出现
狩猎和采集的形象。

混合经济的实践者，在创作他们的艺术作品时，除了那些
与他们生产生活相关的题材之外，还包含神话和传说的内容，
以及由符号和图案组成的画面。

从欧洲的岩画艺术看，生活于混合经济方式中的民族，经
历过一个逐渐发展的过程。这时，法兰克—坎塔布利亚地区的

艺术已经到了它的末期。混合经济社会的岩画艺术，其特点是露天岩刻遍布许多欧洲国家。这一时期，开始驯化动物和从事原始农业，从而人物成为岩画的首要主题。从这时起，自地中海地区到北欧诸国，出现了有着各自地方风格的艺术形式，且并行发展。

中国大部分地区的岩画具有混合经济的特点。例如，混合经济者的作品在西藏岩画中亦占有较大比例，其中以藏北和西部地区较为多见。在不少地点的岩画中，畜牧岩画总是与狩猎岩画共存于同一画面中。这表明狩猎和畜牧是与高原自然环境相适应的两种经济活动。畜牧岩画在藏东、藏南等传统农耕文化区也有发现，可见当时在以农业为主的区域文化中，畜牧经济同样占有一定的比例。

西藏高原古代畜牧经济应主要是在狩猎生产经济基础上发展起来的。人们不但在狩猎生产中驯养了作为捕猎辅助工具的马、犬、鹰等动物，同时在留养剩余猎物的过程中，逐渐认识和掌握了各种动物的生活习性，于是形成了原始的畜牧业。从岩画所表现的内容看，当时人们已经能够畜养牦牛、羊、马等牲畜。另外，还可能有被驯养的鹿，如在藏东八宿拉鲁卡岩画地点就出现了骑鹿的人物图像。在日土塔康巴地点的岩画中，有人们驱赶着牲畜随部落向远方迁徙的场景。而在比较晚期的岩画中，如藏北那曲哈尔布沟岩画地点，画面上则出现有牧人居住的帐篷，帐篷的一侧有圈养牲畜的栅栏。

2. 混合经济岩画种种

（1）沧源崖画与南方民族文化

云南的沧源佤族自治县气候温和，岩画分布区内，山峦起伏，森林茂密。作画的崖面一般较平滑，崖前往往有一小平台。其崖壁内凹，形成岩厦，可以避免雨水的冲刷。

崖画第 6 地点，在勐省坝子上即依稀可见，题材有放牧、狩猎、争斗、厮杀、舞蹈、杂技等等，内容极其丰富，表现出当时人们各种各样的生产和生活场面。描写狩猎的，多数是持弓而射，也有用长兵器刺杀，或追逐围猎的，还有持叉猎蟒和设栅捉猴的画面。牛的图像最多，有牛群成行或颈上套着绳索被拖拉的图形，大约是放牧的场面。

第 2 地点有一幅村落图，从画面上看，房子排列有序，表明当时人们已有了一定的社会组织，能够从事建造比较复杂的干栏式房屋。建筑在用途上也出现了分工。坐落在村寨中央的大房子，似为公共集会的场所，或首领的住房。周围较小的房子则为民居，而村寨外的房子可能是粮仓，或看守人的房子。

图二四　云南沧源县崖画村落图（摹绘）

村内还有人在舂米，似在准备一次盛大的宴会（图二四）。

村落是由部族、亲族以及家庭集团，结合地缘关系凝聚而成的社会生活的共同体，也是社会基本单位。村落对社会民俗的传承起着非常重要的作用。当人类以氏族为共同生活单位时，家族是以大家庭的形式出现的。进而一个个小家庭独立出来，固定在特定的地方，共处于一定的地域之内，于是就形成最初的村落。他们在共同的社会生活、生产实践中逐渐形成了集体意识。

村落中的公房，往往建筑在村的中央或村外。它们被海南黎族称作"放寮"，壮族称"玩公房"，侗族称"坐妹"的公房，是供未婚青年男女交际、娱乐及选择配偶的场所。

通过对沧源崖画的图形和符号的分析研究，我们可以了解到该地区远古时代的历史情况，即当时人们已开始定居生活，并用木桩建造房屋，饲养牛群，种植谷物。崖画还提供了某些细节，如粮食的脱粒、狩猎的方法、战争的武器及祭祀的仪式等等。或许，当时的社会已有了某种"政府"形式的组织。

沧源从东汉时期起，属于永昌郡或"永昌徼外"的地区。据《华阳国志》、《后汉书》的记载，这一带的古代少数民族有掸人、越人、僚人、濮人等。从崖画的内容看，应和濮僚系统的民族有较多的关系。沧源崖画里有许多干栏式建筑，这种房屋系由云贵高原古代民族创造。贵州赫章可乐墓出土的陶制干栏式房屋模型，屋顶为人字坡，房屋分别有一层、二层的。研究者认为这批墓葬的族属为濮人。汉代的濮族，即魏晋时期及以后史称的"僚人"。《魏书·僚传》中关于僚人的干栏式房屋是这样描写的："依树积木，以居其上，名曰干栏，干栏大小，随其家口之数。"可见，干栏式建筑是属于濮僚系统的民族的。

沧源崖画的许多文化因素，后来较多的为当地的佤族所继承。崖画中所表现的一些习俗，至今仍流行于当地的佤族之中。如干栏式建筑的屋顶上装饰两只木鸟；猎人们用牛角饮酒，狩猎时吹起牛角以惊吓猎物；将杵臼作为乐器，在典礼中敲击等等。所有这些风俗在 20 世纪 50 年代以前，一直保留在佤族的日常生活中。佤族的绘画，包括布画和"大房子"壁画，在艺术风格上都与沧源崖画相似。或许可以说，沧源崖画的传统后来为佤族所继承，或崖画的作者就是佤族的先民。

此外，崖画所反映的习俗，在今天当地的傣族中也有。据文献记载，历史上流行头插羽毛、盾牌舞、春臼奏乐、用弩不用弓等，这些沧源崖画中所描绘的，被认为正是傣族先民的"百夷"、"金齿百夷"等的习俗。而崖画中的杂技表演，与文献记载中的掸人有关。据一般的说法，掸人也是傣族的先民。

（2）西藏日土县塔康巴的迁徙图

从西藏岩画所表现的内容看，成熟的狩猎业和进步的畜牧业并存，还有农作物方面的反映，所以其大部分应属于混合经济类型。

西藏岩画还生动地叙述了这种混合经济的特征，使人们有可能对当时的社会生活有更多的了解。这在一些大型的画面中比较多见。如在日土县塔康巴地点岩画，有表现古代部族迁徙的内容（图二五）。人们列成长队，或背负行囊，或手挂木棍，或赶着畜群，向着一个方向进发。此画长约 8、宽约 3 米，其上刻画有一百二十多个图像，主要描绘了一次部落的迁徙活动。中间有八列行走的人物，均为侧面形象，有的背负重物，有的牵赶畜群，有的手挂木棍，其行走方向一致，体形大小相同。在这些人物之间，还刻有巫师、部落首领、猎人及武士等。在画面的左侧有一个身材高大的人物，躯干如圆瓶形，身着长袍，双手张开，立于一铺垫物上，可能是该部落的首领或

图二五　西藏日土县塔康巴岩刻迁徙图（摹绘）

巫师。画面下方有人驱赶成群的牛羊，大约是牧者。另外，还有一排行走方向相反的人物。两支队伍在途中相遇，领头的一人还举手打招呼，生动地描绘出部落活动的场景。

在这幅岩画的上方有一光芒四射的太阳，人群之后亦有一太阳，不知是否是表现日出、日落。太阳在画面中占有如此重要的位置，也说明好天气对迁徙活动的重要性。

类似的作品有多幅，在行走的人们的周围，还会出现狩猎与放牧的场面。至于人物所挂是否是农具就不得而知了。另一幅与此相似的岩画，也在这个岩画点。画面上部为一骑者，在他的周围有数头牦牛，可能也是牧人。下面是行走的人物，有二十余人，亦背负行囊。画幅下部有一画得很大的人物，头饰又长又粗。左手持一物，可能是法器。两腿之间露出被大大夸张了的生殖器。

在藏北地区较晚期的岩画，如扎西岛以红色涂绘的崖壁画中，除了表现狩猎和放牧外，还有步骑双方的争战、围着篝火的舞蹈、牵着马匹的远行者、居住在帐篷中的人物等内容，说明当时的人们确实过着非常复杂的经济生活。

（四）农耕者的岩画

中国农耕类型的岩画，也往往与混合经济风格的岩画结合在一起。岩画中出现许多符号、几何纹样和一些图案，以及一些与农耕有关的日常生活的景象。在中国北方草原，农耕经济并不发达。而在南方，这种类型的岩画持续的时间却很长，可能一直延续到文字产生。在中国的东南沿海地区，1979 年连云港将军崖发现的人面像岩刻，表现了植物神的形象，以及太阳和星空的图案。当农耕成为人们主要的生产方式的时候，太阳和苍天就会成为崇拜的对象。

农耕经济和混合经济的岩画，反映出当时的各种生活实践，并往往与祖先崇拜联系着。这种岩画主要的象征符号和几何图形，有些甚至可以在彩陶上找到。

1. 中国农耕文化的出现

中国麦作型农耕的影响，使华北地区农业集约化的程度显著提高。因此，孕育了以彩陶著称的仰韶文化，以及后起的龙山文化，进而在公元前一千余年前展开了殷商文明的瑰丽画卷。

在长江下游则以河姆渡文化、马家浜文化、良渚文化为代表，后发展为越文化。越文化为古代百越各族所创造。他们虽然分布广阔，支系众多，但总的说来，其居住环境具有一个共同的特点，即为平原低地，或是靠近江河湖海、水道纵横的地区。在长期的历史发展中，百越民族创造了独具特色的文化。其在生产和生活上与水有密切的关系。他们善种水稻，多食水产，习水便舟，居住干栏，喜文身、断发或椎髻，崇拜龙蛇，盛行悬棺葬俗和崖壁画艺术等等。中国为世界上栽培稻谷的起源地之一，而在中国最早改良野生稻的即是百越民族。

2．农耕文化与岩画

在狩猎与畜牧时期盛极一时的岩画艺术，到了农耕时期开始走向衰落。猎人是天才的艺术家，而农民不是。此时，人类已到了文明时期的门口，文字渐渐产生了。

（1）刻在石头上的禾苗

人面像与禾苗图案相连，是连云港将军崖岩画最显著的特点。其反映了将军崖地区的先民与农业生产经济的紧密联系，也反映了先民们对大地依赖的一种执著的信念。禾苗的生长、庄稼的收获是一个原始农业部落的生命线。

将军崖岩画画面中的农作物图案有两种。一种是禾纹，少的只有四根线条，多的有八根线条。另一种实际是谷穗图案，上半部呈针芒状，下半部呈三角形，中饰横线，显然是一种稻穗的变体图案。

人面像与农作物紧密相连，是把植物人格化了。那些瞪大双目的小人头像，围拢在最大的人面像四周，俨然一个大家族的子子孙孙团聚在老祖母的身边。在原始人看来，植物也像人一样，有生命、有思想、有父母、有子女，代代相传，繁衍不息。所不同的是，植物比人有更强的繁殖能力和更长的寿命。人类也想具有这种神力而不可得，于是他们神往，他们羡慕，他们祈求神能给予更多的幸福，更多的粮食。这就是原始人崇拜植物神的目的所在。

几乎完全写实的稻穗图纹，出现在浙江余姚河姆渡遗址出土的陶盆上。与将军崖岩画中的稻穗纹比较可以看出，二者在造型的构成上是有共同点的，而岩画则更多地添加了幻想和神秘的成分。其作品可以看做是先民们祈求丰收、崇拜谷物神的形象记录。浙江余姚河姆渡原始社会遗址出土的五叶纹、猪纹、稻穗纹的陶钵，甘肃兰州地区出土的一件波折纹、植物纹陶瓶，上面的植物纹也与将军崖岩刻中的植物纹相似，可能都是原始人祈求丰收的一种表示。

在将军崖岩画点东侧约1公里的二涧村遗址中，也曾采集到含有栽培稻稻壳的红烧土。而将军崖岩画所处的山区，至今已有大面积的野生栽培的生长地点被发现。历史上野生稻的发现有多例，有的甚至被载入地方志。这种被称为野生稻的种子容易脱落，但休眠期长，在地里可以两三年不烂，条件适宜即可重新出苗，可以不种自生。显然，它是产生栽培稻的最好的物质条件，是原始先民开辟原始农业、经营稻作的基础。这证明将军崖岩画中那些刻在石头上的禾苗不只是对凿刻者植物崇拜的反映，更是五千年以前将军崖地区先民们稻作生产的真实写照。

（2）广西左江流域崖壁画中的蛙神

当我们来到规模宏大的花山崖壁画前，首先映入眼帘的是那种四肢叉开、两腿下蹲人物的姿态，非常统一，也非常规范。这些形象单纯粗犷、英武刚劲，临江眺望，分外壮观，极具震慑力。根据实地考察的第一直观印象，首先会想到这是青蛙的形象。进一步探索揣摩，画面上那些高大的正面形象及其四肢叉开的动作，具有宗教仪式的神秘氛围，应与壮族先民崇

图二六　广西宁明县花山崖壁画中的蛙神（摹绘）

拜蛙神有关（图二六）。

左江崖壁画表现了宏大的祭祀舞蹈场面，而集体舞蹈中的主要人物，则是正面形象的蛙神。当蛙神起舞的时候，在弥漫着神秘气氛的舞人群体中，威严英武的蛙神总是处于中心，头饰华丽，腰佩刀剑，形象高大，地位突出。他们是领舞者，也是神灵，显得威风凛凛，有着一种不可抗拒的力量。在崖壁画中，蛙神的头饰颇为丰富，有数十种之多，诸如椎髻形、独角形、双角形、倒八字形、面具形等等。旁边较小的侧面形象，是供奉蛙神的人。其发式较简单，以发辫为主，发辫之中又有单辫和双辫、长垂辫和短垂辫之分。左江崖壁画中的人物大都是裸体的，姿势也多千篇一律，惟头饰极富变化。

当蛙神起舞的时候，侧身的舞人起烘托陪衬的作用，是构成群体的组成部分。正面的蛙神图像都是统一的蛙形姿态。舞者左、右手指长度相等，但有两指、三指、四指、五指之别。有的脚趾像青蛙的脚蹼。侧身舞人形体显得矮小，姿态更加单调，但也更规范化。他们围绕着蛙神而舞，动作整齐。在这里，整齐划一的概念，不仅是个形式问题，而且与舞蹈的内容有非常重要的关系。它表现出仪式的庄严肃穆和人们的恭敬虔诚。

广西左江崖壁画上的蛙神形象，显然具有图腾崇拜的意义。有一则"青蛙皇帝"的神话故事说：一位老妇人因为吃了一颗槟榔，生下一只青蛙。这只青蛙原本是住在天上的神蛙，是受它的父亲雷公派遣，作为天使投胎到人间。神蛙关爱人类，保护壮民。当人间需要雨水，它便昂首向天嘱嘱地高叫，雷公听到后便把甘露撒到人间。当恶人或妖魔在人间肆虐，神蛙便禀报雷公劈死他们。有一年，外敌入侵，国王的兵将打了败仗，只得出榜招贤，允诺能退兵者，即招为驸马。神蛙知道后迅急来到阵前，把嘴一张，一个偌大的火球滚入敌阵，便把敌营烧得片甲不留。神蛙得胜回朝，可国王犯难了，一国的公主怎么能嫁给一只青蛙呢？若是毁约又对神蛙心存恐惧，也难以取信于民，斟酌再三决定把公主嫁给神蛙。成亲的那一天，国王大摆宴席款待八方来客。酒酣人醉，神蛙脱去蛙皮，变成一位英俊潇洒的青年。公主高兴极了，国王也为之手舞足蹈，披上蛙皮作乐，可他从此再也脱不下蛙皮。于是神蛙继承了王位。壮族以青蛙为图腾，这或许就是在广西左江崖壁画上出现蛙神形象的原因。至于画上众人的动态模仿青蛙，也是艺术上仿生的特性。

左江流域自古从事农业，农耕稻作是人们生活的主要来源。农业靠天，怕旱怕涝，尤其是水稻，一旦烈日当空，田地龟裂，就要颗粒无收；来一次暴雨，也会前功尽弃。在长期的生产实践中，先民们发现了青蛙的叫声与晴雨的天气有一定的关系。所谓"农家无五行，水旱卜蛙声"。广西农谚中也有不少以蛙声卜天气的，诸如"青蛙嗝嗝叫，暴雨就要到"，"青蛙夜夜叫，雨水少不了"等等。正因为青蛙有这样的本事，民间才以为它能呼风唤雨，与天神有关系。左江崖壁画以青蛙为崇拜的对象，正是当地农耕经济的表现。

（五）岩画与海洋文化

中国的广大地区从事的是农业，流行的是沿袭已久的大陆文化。海上贸易、海洋事业当时与农业相比是次要的，甚至是微不足道的。因此，中国学者也就难以对海洋文化投入过多的精力。

1. 海洋文化的起源

海洋文化是人类文化的一种基本形态，在一切有海洋的地区，在一切有海岸线的民族中，都会有海洋文化的成分。

海洋文化，中国自古有之。早在汉代之前，中国人就在探索走向世界的海上通道。到南宋时期，与中国通商的国家达五十多个，后来又创造了早于西方人半个多世纪的世界航行——郑和下西洋的壮举。

与中国的航海壮举一起产生的，是中国的"海洋文化"。其实远在这些航海壮举之前，当人类开始在海边生活时，海洋文化就产生了，但它只在有限的航海人之间传播。这是一种勇敢的精神，开拓的精神，团队的精神，同舟共济的精神，自主和民主的精神。

海洋文化在人们不断地与海洋打交道的过程中逐渐成熟了。而今海洋在人们的生产和生活中的地位日趋重要，海洋文化亦将为中国传统的大陆文化注入了新的生机。

2. 中国岩画中的大陆文化与海洋文化

历史上，生活在中华大地上各民族的先民们活动地域的自然条件不同，获取生活资料的方法不同，生活方式也各有特色，所遗留的物质文化更是各具特点。而从考古学上看，中国古文化既是土生土长的，也是不断地与外部世界交流的。所以不管是大陆文化，还是海洋文化，都可以找到中国与世界的契合点。

考古学家苏秉琦先生在对考古学文化区系类型的分析中，就把中国考古学文化分为六大条块，其中面向海洋的三大块，即以山东为中心的东方，以太湖流域为中心的东南部和以鄱阳湖—珠江三角洲为中轴的南方。而面向欧亚大陆的也有三大块，即以燕山南北长城地带为重心的北方，以关中、豫西、晋南邻境为中心的中原和以洞庭湖、四川盆地为中心的西南部。这样分析的结果，正好将中国的两半块与世界大陆文化和海洋文化的两半块相衔接。

中国广义的北方中的大西北联系着中亚和西亚，东北地区联系着东北亚，东南沿海则与环太平洋和东南亚、印度次大陆有着广泛的联系。而源于草原文化的周秦文化则带有西方色彩，料器（琉璃器）、三棱铜箭头、铁器及屈肢葬等在中、西亚早已出现。周人和秦人把西方的影响带到中原来，将中国与欧亚大陆连接起来[2]。

中国岩画与欧亚（中亚）大陆岩画的联系，可以西藏岩画与印度河岩画为例，而环太平洋的人面像岩画则将中国岩画与海洋文化联系在一起。

（1）西藏西部岩画与印度河上游的文化交流

印度河上游的拉达克（*Ladakh*）地区与中国西藏西部相毗邻。对拉达克岩刻的研究，是因中国考古学家在西藏西部日土县发现岩画而引起的。

拉达克古代岩刻的发现，证明公元前很早的时候，在印度河谷上游地区及其延伸到西藏的地方，存在联系着中亚草原的通道。

这一带的岩刻风格相同，图形相似，分布范围很广。由此说明，草原部落曾大量地出现在拉达克、扎斯卡和西藏西部。从青铜时代至少到公元前 4 世纪，通过印度河上游，他们在东部与中国、在西方与波斯接触。

拉达克的许多岩画点与中国西藏的西部相邻，皆发现在海拔 4000 米左右的地方，那里是浅滩、山口、草场，也有在险道之前的圣地或待发地。这些岩画的内容与题材类似，记录了人们的迁徙，像是路标，或是堆积的石头标志，也可能标志着部落的领地。

在公元前 3000 年以后至公元前 2000 年，拉达克与中亚草原的青铜文化有着明显的联系。在这里发现的工艺品，其中的某些东西可以追溯到青铜时代或早期铁器时代。先是牧牛者，接着是半农、半牧者，曾散布在这个高原上。他们也与中国的西周有着密切的关系。这一点人们可以从岩画的内容与风格上看出来。

在铁器时代，草原动物风格散布在整个中亚，但也有许多地方的特点。西藏、拉达克的岩刻形象，与西亚的作品有关，同时又与中国的青铜器上的某些纹样相类似。他们的艺术，至少他们的岩刻，所反映出来的经济生活主要是游牧，但其经济活动还应当包括交换和贸易。

对于拉达克和扎斯卡岩刻的初步研究，揭开了这一地区早期历史的新篇章。公元前生活在这里的人们，通过印度河谷与波斯联系，通过现在仍未知晓的道路与中国的西周联系。这是确定无疑的事实，虽然现在还不可能解释得很清楚。

（2）环太平洋的人面像岩画

中国东半部史前文化与东亚、东南亚乃至环太平洋文化圈的广泛联系，突出地表现为有段石锛，以及作为饕餮纹祖型的突出眼睛部位的神人兽面纹等因素。下面以人面像岩画为例说明。

人面像岩画主要发现在环太平洋地区。那些怪诞奇异的人面像形象，反映了一个我们所未知的精神世界。荒唐的想象，大胆的创造，是神灵的形象化，也是先民们思想信仰的具体表现。其画面所传达出来的欢乐和哀伤，往往把人们带到对于那久已逝去时代的冥想之中。

俄罗斯远东地区黑龙江沿岸，刻有岩画的岩石与黑龙江水形成一个不可分的整体，并与当地的亚寒带针叶林的环境结合在一起。当江水上涨的时候，波浪不断地冲刷着岩石上凿刻的怪物的胡子和倾斜的眼睛。江水越涨越高，渐渐将整个岩石淹没了。过了两三个月，岩石又从如镜的水面下浮现出来。如此年年月月，循环往复。

我们在北美洲同样可以看到人面像岩刻，它们最重要的特征是绝大多数描绘的并非真实的人面，而像是某种确定的面具。大部分人面像作品，有着惊人的简洁和图案化、抽象化的表现，但每一个人面又都有着自己的性格，有着互相区别的特点和细节。换句话说，我们看到的同一个题材却有着无穷的多样性。那些粗糙的石头上所铭刻的印记，揭示出史前艺术的奇异而神秘的世界。

人面像岩刻许多是无外轮廓的。这是一种传播范围宽广的主题，遍及于北美的西北部海岸，可能是该地区最具有特征性的岩画艺术。根据当地爱斯基摩人的说法，创造这种作品的目的，是为了狩猎巫术和记录那些被杀死的猎物，特别是和猎鲸的祭祀仪式有关。

在这些形象中，眼睛的表现最为突出。那些眼睛就好像是从遥远的古代向着我们今天窥视。有相当一部分人面像有着向下斜或三角形的眼睛，被人们称为"哭泣着的眼睛"。女性的形象有时用嘴唇上的装饰品来表示，那些装饰品往往是穿过下嘴唇的。另一些有轮廓线的人面像，有着动物的耳朵，或者将手和胳膊附着在头上。

除了美洲之外，在太平洋西南部的澳大利亚，也发现了人面像岩画。但在环太平洋的人面像岩画中，中国人面像岩画的数量最多，特点显著，分布最广，在世界人面像岩画中占有突出的位置。

由于人面像岩画既丰富多彩，又引人入胜，所以在中国的古籍中很早就有记载。郦道元的《水经注》称：长江的西陵峡岸边的巨石上，有人面像岩刻。它们夏天没入水中，冬天水落，又浮现在平坦如镜的水面上。这些沿岸刻着的大大小小的人面像，其中有些凿刻得很精细，人物的头发、胡须清晰可见。故此，那地方被称作"人滩"。这一记载令人想起黑龙江沿岸的人面像岩刻。令人痛惜的是，在长江"人滩"的那些蕴含着原始艺术家们的创造才能，并能揭示出史前艺术奥秘的岩刻，已被江水冲刷得荡然无存了。

1915 年，黄仲琴在福建华安仙字潭，发现了另一个人面像岩画点。1928 年，瑞典考古学家贝格曼在内蒙古阴山西段的狼山南麓，也发现了人面像岩刻。此后，在内蒙古的阴山（1976 年）、白岔河（1981 年）、桌子山（1981 年），台湾的万山（1978 年），江苏的连云港（1979 年），宁夏的贺兰山（1982 年）等地，都陆续发现了人面像岩刻。

在福建华安仙字潭边的岩画点，有两个人面像凿刻得龇牙咧嘴，形象清晰。这两个头像当时有人认为表现的可能是部落征战中所猎对方之首级，也有的说是描写部落首领及其妻子的形象。

江苏连云港的人面像岩刻的头饰为几何形图案。眼睑用多根线条勾勒，另加三根线条画成眼角的鱼尾纹。从耳朵到脸颊和嘴角，都由许多短线条连接起来。线条刻得很杂乱，可能是表示文面。有的大些，有的小些。有的眼睛是同心圆，有的则只是一个简单的圆点。所有的人面像都有一根长线条，从额头到面颊，一直连到下面的禾苗或农作物上。农作物的图像在岩刻中出现，表明当时人们已开始从事农耕。人面像与农作物紧密相连，如同植物的花蕾和果实，这是把植物人格化了，可以看做是先民们祈求丰收、崇拜谷物神的形象记录。

万山岩雕群的孤巴察娥岩画点，有人面像与大圆涡纹、曲线纹、蛇纹、小圆穴相结合的图形。有的学者认为，这是表示生命在生长，大圆涡纹和人面像紧靠在一起，有表达人类出生与生命来源的意义。其人面像的五官清晰，圆圆的双眼显示出稚气与喜悦的神情。

人面像是中国岩画的一个突出的特点。再从环太平洋地区看，国外的学者曾在加拿大的不列颠哥伦比亚省西海岸和美国的华盛顿州发现了这种岩画，推测它们可能源于亚洲。阿纳蒂在为拙著《中国岩画发现史》所作的序言中写道："中国发现大量的人面像岩画，这个事实是有重要意义的，人们可以拿它来证实某种观念传播的理论。当然，这里有着许多推测成分，推测是具有吸引力的。但是由于亚洲、北美和澳大利亚之间的巨大距离，使得人们在未对这些岩画作深入的研究之前，表现出谨慎的态度。"[3]

3. 东南沿海岩画的意义

我们原先把中国岩画分为南北两大系统，后来发现在南方系统里，东南和西南就很不一样。从制作的方法看，西南岩画是以红色涂绘的，而东南则是凿刻的。从岩画内容方面看，西南是以表现人物活动为主，而东南则以几何图形为主。再后来，我们又发现中国东南沿海的岩画与环太平洋岩画有着明显的联系，是中国海洋文化的重要组成部分。它最为鲜明地体现着海洋文化的特色，为研究中国海洋文化提供了极其重要的资料。

过去，中华文明一直被误认为是单纯的农业文化，起源于西北黄土高原，是一种封闭保守、安土重迁、少进取精神的大陆文化。其实不然。据考古发现，生活在东南沿海的"饭稻羹鱼"的古越人，在六七千年前即敢于以轻舟航海。河姆渡遗址出土的木桨、舟的模型及许多鲸鱼、鲨鱼的骨骼，都表现出海洋文化的特征。

通过近年来的对外学术交流，我们还了解到古越人很早就向海外发展，主要是向东和向南迁移。因此，现在东南亚与南太平洋诸岛上的许多民族都和古越人的后裔有一定的血缘关系。

台湾的原住民高山族也是古越人的一支。对台湾原住民的族源的探讨，根据台湾的大金坑文化遗址、圆山文化遗址等与大陆代表古越人的浙江河姆渡文化遗址等进行对比，可以发现有相似之处。同时，台湾原住民的风俗习惯，如断发文身、龙蛇崇拜、缺齿与墨齿、腰机纺织、贯头衣与筒裙、饭稻羹鱼、干栏式建筑、男吹口琴和女吹鼻箫、父子连名、悬棺及屈肢葬等，均为古越遗风。因此，可以认为他们是百越先民的一支，在六千年至四千五百年前，陆续由大陆东南沿海迁入台湾。在东南沿海的岩画中，我们还可以找到更多的证明。

（1）东南沿海岩画与抽象几何纹样

东南沿海的岩画充满浪漫主义的情调，更着重于幻想。现已发现的岩画点，有江苏连云港岩刻、灌云卧龙岗岩刻，浙江仙居淡竹乡岩刻，安徽淮北岩刻，福建华安岩刻、南靖南坑乡岩刻，广东珠海岩画，香港的古石刻，澳门古岩刻和台湾的万山岩雕群等。其均为岩刻，在风格上都带有抽象化和图案化的倾向。

强烈的氏族部落意识，以及在客观上他们又与生活圈以外的自然和社会长期处的隔离状态，加之海上生活的冒险性和不确定性，使他们在岩画中流露出更为浓烈的部族宗教意识。从某种意义上讲，其宗教的功能起着一种凝聚氏族群体的作用。在岩画中，有大量的关于宗教信仰方面的图像，如类似图腾的抽象的几何符号化图像。现代人看起来怪诞且晦涩难懂，但透析其内质却有着更为丰富的象征性含义。

同时，这也反映出创作者在制作岩画的过程中，有更为主动的创造意识，从而使图像造型的表现有着很高的自由度，反映出人与神相互沟通的和谐关系。这样，岩画中关注及表现他们现实生活的内容就比较少，而流露出更多的宗教诡谲的意味。

在东南沿海的岩画中，作者并不刻意表现生活现象和生态环境，其造型则更多的是些抽象化的符号。而这些符号又是作为作者宗教意念和情感思绪的载体，或是某种思想观念的内心独白。这往往使我们在观赏中产生一种距离感。然而，浓烈的人本意识掺杂着氏族部落的宗教观念，加之那种奔放无羁的个人情绪因素的注入，使南方的岩画艺术凸现出一种感性的浪漫主义的精神特质。这种特质所展示的是对理想化生活的渴求，流露出的是对未来生活的积极的态度和审美取向。

香港岩刻的最大特点是所表现的内容皆为一些抽象的图形。有两种纹样：一种是几何形，包括圆圈、螺纹、正方螺纹等；另一种是不定型的抽象花纹。大浪湾刻的中央纹样，可能是由动物组成的抽象图案，下面刻有螺形纹，而"脸部"的中央，则是由同心圆组成的"眼睛"。在蒲台岛，剥落处左侧的抽象花纹下端，有数个长菱形。而穿过剥落处，则有一连串的螺形纹。下石壁岩刻点，差不多也有同样的圆形和螺形纹样。在长洲，也有类似的抽象图形，但最惹人注目的是所谓"眼"的蛇头形曲线，在石刻的中心部位的上端形成一对，约略与大浪湾的岩刻相似。东龙的岩刻，虽然与其他地方有些不同，但螺纹和上端紧密交织着的曲线及其他的细节，都表现出香港岩刻之间的确存在着密切的联系。

台湾的万山岩雕群在内容方面有以下一些特点：孤巴察娥表现的是人头、人像、重圆纹、圆涡纹、蛇纹等；祖布里里是相同方向排列的脚掌纹，其间伴随着凹点；莎娜奇勒多为抽象抒情式的曲线、三角形、方格形和星云状的凹点。所有这些内容都是非常图案化的，大部分是抽象的几何纹样。

华安岩刻自发现以来，由于图形的抽象化，致使许多学者认为可能是古代少数民族的一种原始的象形图画文字，但对此一直存有争议。现在看来，华安岩刻的确具有很多抽象的成分。在图形中，人物形象占大多数，有的画面似为舞蹈者构成的群体场面。舞者大都平抬双臂，肘部微垂，两腿叉开下蹲。岩刻上部中央位置，刻着一个人面像，只有双眼和长着胡须的嘴巴，没有脸部的轮廓线。其中人物无首有身的一个，有首无身的两个。这几个特殊人物和头像的造型也很奇特，前者腹内凿刻数点，似在流血，有人认为是受了馘首的俘虏的尸体；后者两个首级凿刻得龇牙咧嘴，五官清楚，完全不同于其他石刻中的那样简化。这两个头像可能是表现部落征战中的猎首之

图二七　福建华安县仙字潭岩刻（拓本）

举，也有人说是描写部落首领及其妻子的形象（图二七）。

综上所述，华安岩刻以舞人与人面像的内容为主，而人面像又可能和舞蹈有关。因为在原始舞蹈中，舞者大都是戴着面具的。岩刻中的舞者，多手臂平举，双腿蹲踞。其人物带有尾饰，男女全裸体。表现女性，则突出乳房。舞蹈场面热烈，风格极其粗犷。

后来，我们发现这种几何纹样、抽象图案，在环太平洋诸国，如日本、韩国、澳大利亚以至美洲西海岸地区的岩画中都可以找到。我们可以从韩国前川里的几何形岩刻、日本的富勾贝岩刻，以及美洲西海岸和澳大利亚的岩刻几何图案中，看到与之类似的特征。这与我们前面讨论的中国人面像岩画与环太平洋岩画的关系也是一致的。由此可以看出，中国海洋文化与环太平洋诸文化是联系在一起的。

（2）走向海洋的历史见证

在中国东南岛屿上发现的岩画，在我看来都是中国大陆先民走向海洋的历史见证，而走向海洋的船形岩画的发现则是更加有力的证据。

船形岩画是东南沿海岩画的特色。澳门岩画中，有带桅杆的船只，广东珠海高栏岛岩画中则出现船队，这些都是海洋文化的明证。后来，在江苏连云港冈嘴山又发现最大的古船岩刻。

由连云港将军崖东行1000米，就是海拔120米的冈嘴山。山上有个小姐洞，洞南侧刻有一幅宽达8.5米的船画。船体线条刻划虽简略，但比独木舟的形制有了明显的进步。船尾的舵刻得很大，显示出先民们在长期的航海实践中体会到舵的重要性。

大船的左上方刻有一只小船，与大船的形制基本相同。不同的是，在船中央竖起了一根桅杆，挂起了用目字形图案标示的一张风帆。它标志着史前航海活动中的一个重大的进步。史前时代已有独木舟，这已经被大量的考古资料所证实。但带有风帆的海航工具，却十分罕见。人们曾在澳门寇娄岛发现一幅带有长桅杆的船只岩刻，可惜原刻现在已极模糊，许多人去找都找不到了。这些岩画的发现是研究中国航海史的重要资料。

4. 中国海洋文化的代表作

珠海高栏岛藏宝洞岩刻的发现，是在福建华安仙字潭岩刻发现七十多年之后。广东珠海岩刻虽然发现得最晚，但从规模的宏大、内容的丰富和艺术的完整性上来说，不仅是东南沿海岩画之最，在全国岩画中也是非常突出的（图二八）。

图二八　广东珠海高栏岛宝镜湾藏宝洞岩刻（摹绘）

岩刻中最突出的是船形图像。船身有华丽的装饰，周围有翻滚的波浪，图案繁密犹如我国青铜器上的装饰纹样。岩刻用粗线条勾勒，其中全身男人像，双臂上扬，似作舞蹈状，旁边有女人坐像。男女均裸体，性别特征都很清楚。另有小型人物在波浪之中作戏耍跳跃状。作品表现了一支在海上乘风破浪前进的大型船队，周围波涛汹涌，浪尖上跳跃着弄潮儿。其画幅面积近 30 平方米，构思巧妙，表现出一幅大海和人的生动画面。

1992 年，在离高栏岛不远又发现了平沙连湾岩刻。葫芦石上原有几组岩刻，但目前明显的一组图形是一对双连环的椭圆形，椭圆的轮廓线很清楚。左边的椭圆内有一螺旋纹，右边椭圆内也有刻纹，但已模糊。两圆之间还有一些连接的线条，组成一个几何形的符号图案。

在岩画研究中，最具某种诱惑力、神秘性的，是由几何线条组成的各种符号图案。这些图形在原始时代并不只是一种轻率的、简单的线条，而是有着深刻的内涵。一方面用于实际的记事，另一方面隐喻着某种神秘的观念。中国东南沿海地区的岩画，特别是凿刻在海岸边上的岩画，有许多几何图案，大都与先民们的出海活动有关。当时出海是一项重大的活动，先民们或受生活所迫，或受强敌所逼，不得已入海，多有壮士一去不复还的感慨。出海之前，在海边刻下印记，以期有朝一日返回故里。所刻的印记当有一定的意义，或有氏族图腾的背景，或有部落徽号的背景，或有其他的含义，只是现在很难弄清楚了。但这些作品是先民们走向海洋的历史见证，也是先民们开辟海上事业留下的痕迹。说得宽泛一点，所有沿海岛屿上的岩画都是人类走向海洋的印记。

平沙岩刻只是一件小作品，而高栏岛藏宝洞的石刻画是一幅长达5米的大型岩刻作品，规模宏大，组织严密，图案神秘、抽象。对于岩画画面的识别往往是一个难题，一方面由于年代久远，风雨侵蚀致使画面模糊；另一方面，由于古今观念上的差异，使我们有时很难理解其用意。所以，在这幅规模宏大的岩刻中，还有许多看不清、想不明的内容，但画面上主要的东西是可以解释清楚的。其一是船，画面上由多艘船只组成船队，船身装饰华丽，说明船在当时人们心目中具有崇高的地位。其二是波浪，整幅画面以波浪为背景，船队在波涛汹涌、白浪滔天中前进。其三是人物，是在风口浪尖上跳跃的人物。

这些内容表现出一种勇敢的、冒险的、开拓的精神，也表现出一种团队的精神，即同舟共济的精神，而所有这些正是海洋文化的精神。这种精神在高栏岛石刻画中体现得极为完美、准确。所以说，珠海高栏岛藏宝洞的岩画，不仅是先民开辟海上事业留下的印记，同时也是中国海洋文化的代表作之一。

注　释

［1］盖山林《巴丹吉林沙漠岩画》第 97～103 页，北京图书馆出版社 1998 年版。

［2］苏秉琦《中国文明起源新探》，三联书店 1999 年版。

［3］陈兆复《中国岩画发现史》序言，上海人民出版社 1991 年版。

四 中国岩画与原始宗教

先民们为什么制作岩画，其目的如何？其功用何在？对此，我们首先会想到岩画与宗教的联系。

宗教不是从来就有，而是人类意识发展到一定阶段的产物。原始宗教是指处于初期状态的宗教，存在于不具有成文历史的原始社会中。其思想基础主要是相信万物有灵，灵魂不死。原始宗教的各种表现形式，实际上就是这种思想在社会生活各方面的表现。

原始人的生活水平很低，意识尚处于蒙昧阶段，对于自然界的许多现象，如风、雨、雷、电及人类的生与死等，都很不了解。他们幻想世间有一种冥冥存在的超自然力量，因此，产生了对自然现象或动物和植物的神化，并祈求神灵的庇护，帮他们捕获赖以生存的野兽。这里有两种理论，一种是由于原始人对自然界的恐惧、敬畏等心理所产生的崇拜，另一种是企图用巫术的力量加以控制，总起来是崇拜加巫术。

这种对自然现象或动物和植物的神化就是宗教的初始，于是被认为具有神力的形形色色的自然崇拜、图腾崇拜、生殖崇拜、祖先崇拜等便应运而生了。

日土县的任姆栋岩画群中，有一幅记载着早期祭祀活动的祭祀图岩刻，是极为珍贵的宗教与民俗的资料（图二九）。《空行智慧胜海传》中说，本教教徒在每年秋季要举行"牡鹿孤角"，即将牡鹿的头祭奉最大的神灵之一——太阳神。任姆栋

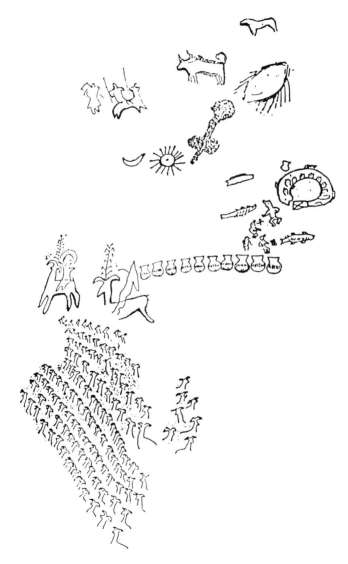

图二九 西藏日土县任姆栋岩刻（摹绘）

的这幅岩刻即是规模宏大的祭祀太阳神活动的真实写照。画幅的左下方有九排羊，共一百二十五只，当为血祭之牺牲。它们前面排列着十只陶罐，似为用来盛血或盛酒的祭器。祭器的周围有戴着鸟形面具的巫师在跳舞，进行祭祀活动。紧挨着的是一条盘成椭圆形的母鱼，母鱼腹内孕育着十条小鱼。母鱼的左侧还有两三条鱼。关于母鱼的含义，有的研究者认为是本教文献《十万龙经》记载的"母龙生万物"的神话，即"母龙"崇拜。描绘在最显赫位置作为祭祀活动主体的是画幅上部刻的太阳、月亮和男女两性的生殖器，都刻得很大。特别是两性的生殖器表现得更为突出，也更具体。这种以大量杀牲为特征的"血祭"，是早期原始本教的祭祀活动所为。画面气氛庄严、热烈，把祭祀太阳神和生殖神的宏大场面表现得淋漓尽致。同时，也对藏族先民崇敬膜拜太阳神和生殖神作了极为生动的形象诠释。值得注意的是，在下面摆放的祭品中居然有一百多只羊，有的是羊头，有的是半只羊，密密麻麻的一大片。如果不是畜牧业已相当发达，是不可能拿出这么多的羊来作祭祀的牺牲的。中国少数民族地区流传着一句话，即"穿在银上，吃在酒上，用在鬼上"，正是对这种传统观念的真实反映。

（一）原始社会的自然崇拜

自然崇拜，是先民们在同大自然的斗争中处于软弱无力和对客观世界愚昧无知的情况下，将自然物的人格化。其也产生于人们对某些自然力的畏惧或感恩的观念中。

原始崇拜是原始人类的观念和信仰的体现。原始人类对自然界的诸多现象还缺乏科学的认识，面对自然灾害的肆虐往往束手无策。狩猎动物、采集野果是生存的必需，但能否取得狩猎成功只能是碰运气，很可能在某地连续丰收，而在其他地点却一无所获。于是，他们感到迷惑，是否存在着另一种超越自然的力量，在冥冥中主宰着这一切？

当时的人类认为无法战胜超现实的自然力，只能顺从，用祈祷表达敬畏之情，用舞蹈、歌唱体现友爱欢悦之意，以期灾祸不要降临到自己的头上。

1.北方民族的崇石文化

岩画是与原始人类对大自然崇拜有关的一种文化现象。当时的人们相信高山岩石是具有灵性的，在岩石上作画能达到对自然界的某种祈求，或对动物的某种"召唤"的目的。

古代岩画作为原始先民们的一种形象化"语言"，所传递的是人们用其他形式难以表达的种种观念或意识，而这些意识肯定是与某种类型的文化及某个特定的环境密切相关的。中国北方古代岩画集中分布在以狩猎、游牧经济为主的草原山地及高原荒漠地带，表明了具有岩画习俗的古代民族大都生活在多山、多石、多动物的环境中。这种狩猎、游牧生活，使得这些部族先民对自然环境的长期依赖性转化为一种特殊的崇拜心理。他们把物质生产活动中的得失，都归结为无处不在的神灵的作用，突出地表现为对山石、天体、特殊动物等物体的崇拜，并最终归结成一种信仰意识。大多数学者之所以都将岩画视为"原始"的艺术形式，就在于岩画所体现的"艺术"，实际上更多的是一种与早期自然崇拜相关的意识。从对西藏岩画的观察中可以明显地看到，这种表现人们信仰意识的特征，基本上是贯穿高原岩画艺术发展过程的始终的。

鄂·苏日台在《从民俗学探索岩画起源》一文中运用民族

学的资料告诉我们，今天仍然居住在中国北方的鄂温克、鄂伦春、达斡尔、蒙古、赫哲、满等民族在漫长的狩猎时代里，对自然环境的依赖性，促使他们对狩猎生产的环境及整个大自然产生了一种特殊的崇拜心理。所以，他们常常把自己狩猎中的收获和失利等现象，都归结于"山"、"森林"及"树木"对自己的"恩赐"和"惩罚"。尤其是在"万物有灵论"意识形态形成的过程中，对大自然崇拜的心理，表现得更为强烈，最终形成了狩猎民族对山川的信仰意识。我们称这种信仰形式为"山石崇拜"。

在这些民族中，"山石崇拜"的表现是多方面的，如赫哲族古老的神中有石偶"卓碌玛法"和"卓碌玛玛"神，在达斡尔族古老的"霍列尔"神中有一种怪兽形石偶，在满族古老的萨满服上也有以各种石块为装饰的习俗。在其原始狩猎时期创造的神话中，怪石、险峰、树木等内容广泛存在。这些现象表明，他们在原始狩猎时期都有过"崇石文化"。

在蒙古族的自然崇拜中，还有崇树的意识。据《多桑蒙古史》载，忽必来（忽图剌之误）进攻蔑儿乞部时，在道中祷于树下，倘若胜敌，将以美布饰此树。后果胜敌，以布饰树，率其士卒，绕树而舞。在蒙古族古老的信仰中，柳、榆、白桦等被视为神树。这些崇树现象本身，就是对森林山石崇拜意识的一种反映。

从这些北方民族古老的信仰民俗中，我们清楚地看到在他们的原始狩猎时代里，最早形成的是以崇拜大自然为中心的"崇石文化"。岩画的出现与这种自然崇拜和山石崇拜有着明显的联系。

在许多岩画点，无一例外地都是由多人、多次在同一岩面上刻画，极少发现只有一次性图像的岩画地点。人们在同一地点、甚至同一岩面上重复地刻画相同或相似的内容，这种宁可在原先的图像上重叠刻画而不另选其他地点的现象，表明了岩画作者的一种共同意识，即他们认为刻画地点的选择与刻画内容之间具有非常重要的因果关系。而这种关系的实质就是人们认定某一地点的岩石是具有神性的。从广义上讲，对岩石神性的认定，也就是自然崇拜和岩石崇拜意识的表现。同样，作画者在难以驻足的陡峭处，在黝暗深邃的洞窟中，去刻画他们认为必须要表现的内容，表明岩画地点的选择，并不一定是出于让他人看见或接近的目的，而是源于对岩石神性认定的自然崇拜[1]。

2. 呼伦贝尔盟额尔古纳左旗大兴安岭岩画

自然崇拜的现象，从今天居住在内蒙古呼伦贝尔盟额尔古纳左旗敖鲁古雅鄂温克民族乡的猎人进山狩猎的民俗中，可以得到进一步的证实。

在他们的猎场中有两处岩画。一处是交唠呵道河畔岩画，绘于额木尔河上源克波河的源头、交唠呵道河畔的岩间，有鹿、驯鹿、猎犬及人物等图像。另一处是阿娘尼河畔岩画，绘于额尔古纳河支流贝尔茨河附近阿娘尼河畔的岩壁上，有鹿、鸟、人物、萨满鼓等图像。据考察者认为，岩画与鄂温克族有关。阿娘尼在鄂温克语中是"有画"或"岩石如画"的意思。阿娘尼岩画的狩猎图最值得注意。岩画描绘了围猎的场面，表现一群猎人正在围攻驼鹿。人物在崖画中被画成概念化的大字形和十字形，把驼鹿团团围在中间。驼鹿画得很大，形象写实。这可以说是古代狩猎生活的写照。

阿娘尼岩画点可能是鄂温克部落进行祭祀狩猎神活动的一

个重要场所。调查者在 1975 年 9 月到阿娘尼河考察时发现，在岩画附近的树木上垂挂着许多已经朽坏的彩色布条。鄂温克人认为，这些画是神，挂彩布为悦神，意在求神保佑赐给猎物。我们在调查中也发现，猎人们把山视为猎场的"主人"，对山十分敬重。每到有岩画的山间，便把子弹取出来，放入石缝里，乞求山神使他们的子弹百发百中，赐给其更多的猎物。

3.卐字符号的意义

卐字形符号（即万字纹）出现在中国许多岩画点中，对它意义的理解也很多。如在新疆阿勒泰的唐巴勒塔斯、库鲁克山的兴地、温宿县的小库孜巴依、且末县的昆仑山木里恰河等岩画点就发现有卐字形符号。有人认为，这种符号是由母系氏族社会时期象征女性生殖器的蛙肢纹演变而成的，说明该地区远古时期盛行女性生殖崇拜。

但更多的学者则认为，卐字形符号与太阳和太阳崇拜有关。在先民们对大自然的崇拜中，太阳崇拜表现得尤为突出。对太阳的崇拜，在彩陶纹样中也有表现，如陕西华县柳子镇泉护村出土的彩陶器上饰有日鸟纹，河南郑州大河村仰韶文化彩陶器上亦饰有太阳纹，甚至有一件器物上还饰有十二个太阳纹。

卐字形（万字纹）作为太阳崇拜的符号，在中国的甘肃、青海、内蒙古、广东等地的新石器时代遗址中也有发现。如距今四千三百年至四千年的马家窑文化的马厂类型陶器上，就存在着万字纹样，既有右旋的，也有左旋的，被当作一种装饰图案使用。

在远古时代，卐字形符号通常被认为是太阳或火的象征。在原始宗教中，太阳与火不仅是人类的图腾，而且也是一种至高无上权力的象征。人们相信这种图腾能给自己带来恩惠，相信卐字形符号具有祈福、赐福的功效。后来，它所代表的含义更加复杂而深刻。尤其在佛教传入中国后，代表佛教法轮的万字符便在中国更广泛地传播开来，其寓意也愈加广泛。早在唐代的《楞严经》中即说如来佛胸前写有万字（卐字形符号）处涌出宝光，"其光晃晃有千百色"。

台湾原住民的神话中称其始祖是太阳。太阳降生两颗卵，一颗黄色，一颗绿色。它们飘落在太武山上，由栖息竹间的百步蛇孵育成人，繁衍人类。

云南基诺族至今仍保留着太阳崇拜的习俗。基诺族过新年时要剽牛祭天。祭祀活动中首先把酒泼洒到木鼓的鼓面上，鼓面表示太阳，在鼓面的边沿处镶有许多象征光芒的小木棍。以酒泼洒相邀太阳神之后，才开始热烈而隆重的祭祀仪式。在牛皮木鼓的伴奏下，众人翩翩起舞，尽欢方散。

中国壮族先民创造的"三星故事"说：从前日月星辰是一家人。日为夫，妻为月，星星是他们的儿女。日是一家之主，他为人残暴。妻子因恐惧白天躲起来，被吞噬的儿女的鲜血染红了西方的天际。一天中只有太阳下山以后，妻子才敢携儿女出来嬉戏。等到东方晨曦微露时，她们母子就相邀迅速离去。这则神话故事把大自然人格化了。

在世界各地的原始民族中都有人变为日月的神话。爱斯基摩人说日月是一对兄妹变成的。因为哥哥在夜间调戏了妹妹，妹妹为了弄清谁是调戏她的人，就偷偷地在他脸上抹上一把灰。第二天，妹妹发现哥哥脸上的灰迹，羞怯得逃到天上，哥哥也追到天上。妹妹变成太阳，哥哥变成了月亮，但他仍在追逐着，脸上还带着那些灰迹。类似的神话也流传在中国少数民族中。哈萨克族传说称，世间有一对相亲相爱的男女，因为受到魔鬼的阻挠而不能结成伴侣，就飞到天上，男的变成太阳，女的变成月亮。两人至今仍相互追寻着，因为始终无法相聚而伤心落泪，那泪水就是雨和雪。

对火的使用是人类的重大进步。从太阳崇拜到对火的崇拜，原始人又认定火是太阳的代表。他们在举行太阳崇拜仪式时，往往以火作为太阳的象征。美洲印第安人的祭日活动即是于漆黑的夜晚，在空地点燃起一堆巨焰。主祭者面部与身体都涂上白黏土，手持用羽毛装饰起来的舞棒，围绕火堆从东至西舞动，模拟太阳的运行，并且不断地点燃起火球，对日出作象征性的模仿。

在意大利、英国、法国、德国等，也曾存在对太阳和火的崇拜，其古代艺术品中亦常有卐字形符号出现，特别是在爱尔兰、苏格兰的雕像和古老的克特十字架上。希腊人把卐字形符号和对太阳神的崇拜结合在一起，也是作为一种太阳和火的象征。

4. 东海边上的太阳石

在对大自然的崇拜中，先民们对太阳的崇拜表现得尤为突出。这同太阳是光明和温暖的源泉，以及干旱和酷热的祸根有关。另外，这种突出的表现也与太阳是人们日作夜息的依据和农业生产季节划分的标志，以及农作物生长的要素之一有密切的联系。

江苏连云港将军崖的第2组岩刻，尤以表现太阳符号最为引人注目。其中有三个太阳呈等腰三角形排列，或许可以称之为三日图。画幅宽48厘米，在第2组岩刻中处于中心位置，十分突出。太阳的形象都是复线同心圆，周围有一圈表示光芒的放射线，数量多达二十根。

中国古代文献中关于太阳的故事很多。据说，尧帝曾派治理东方的官员羲仲到羽山肠谷祭祀太阳。这是农业发展史上的一个重要的里程碑。它不仅在将军崖岩画三日图上得到了印证，而且在临海的太阳石岩画上，还找到了更为集中、有力的依据。

在连云港云台山的东麓，有一处俯临浩瀚大海的山峰，因山石峻峭，层峦叠嶂，人称东磊。20世纪80年代，在东磊北侧的渔湾山顶上，有一块背靠山体、面向大海的太阳石被发现。其长7.5、上宽1.8、下宽4.2米，呈梯形。因刻有醒目的直径约25厘米的太阳图案，当地的乡民将其称为太阳石。

李洪甫在《太平洋岩画》一书中，分析太阳石上刻有"朝阳"、"午日"、"落日"三图。

朝阳图刻于岩面的右上方，基本构图是一个直径25厘米的圆圈，边缘参差不齐，显然是石斧、石锛一类的工具所为。圆圈内还刻有曲线及一些短线、圆点，可能是记录所见到的太阳表面的痕迹。

朝阳图的左下方，有一幅光芒四射的午日图，直径18厘米，较朝阳图略小，以表现升高的太阳日轮的变化。日轮的周围刻有二十二根光芒线，清楚醒目，历历可数。整个造型与将军崖岩画太阳图相近。

午日图以一根耐人寻味的线条，与下面的一块用方格组成的农田图案相连。右侧还有一块农田图案。尽管太阳和农田在岩画中的表现都已趋于图案化，但却有着明确的寓意，体现出凿刻者对太阳的敬仰和祈求，寄托着先民们对农田深情的眷念。

午日图的左侧刻着一幅落日图，太阳仅见小半个，犹如即将坠入地平线的落日。光线也只刻有七根，其中一根光芒弯曲向上，并与上方的一块农田相接。出自虔诚的原始信仰和执著的生活追求，太阳石岩画的作者着意描摹着不同时刻的太阳，形象而严谨地记录着农田的布局，并巧妙地用线条标示着太阳与农耕的不可分割的关系[2]。

（二）与野兽认亲的图腾崇拜

图腾崇拜是原始社会早期的宗教信仰，它普遍存在于世界各地。与野兽认亲，从而出现图腾崇拜。原始人相信氏族都与某种动物或植物有着亲缘关系。该动植物作为图腾，成为氏族的保护者和象征。

与野兽认亲的目的，正如一位西方学者所说："图腾部族的成员，为使其自身受到图腾的保护，就有同化自己于图腾的习惯，或穿着图腾动物的皮毛或其他部分，或辫结毛发，割伤身体，使其类似图腾，或取切痕、黥纹、涂色的方法，描写图腾于身体之上。""此种精神状态的表现，正可以图腾信仰解释之"[3]。

图腾崇拜在澳大利亚土著民族与北美印第安人诸族中盛行。动植物图腾是群体的标志，具有社会的凝聚力。

动植物图腾往往与其经济价值相关。图腾被视为祖先祭奉，杀食时有许多禁忌。巫术礼仪与图腾崇拜还表现在当前北美、大洋洲的土著部落中流行的文身上。其目的是希望受到纹刺在身上的图腾动物的庇护。

1. 图腾与象征

社会群体与某种特定的动植物之间，有着巫术的或宗教的象征关系，这种特定的动植物就是图腾，也即成为图腾崇拜的对象。

图腾之研究始于 18 世纪末的英人朗格（John Long）及 19 世纪中叶的格来（Grey）。至 19 世纪末期，勒南（Lennan）以图腾解释原始民族的宗教信仰，摩甘（L. H. Morgan）以图腾说明原始民族的社会结构及其习俗。及至佛来则（S. J. Frazer）图腾主义问世，才说到图腾与艺术的关系。自此以后，研究艺术史的学者，如伯金（E. A. Parkyn）、格罗塞（E. Grosse）亦注意到这个问题，图腾的象征关系遂为学者们所关注。

试将史前原始民族的遗物，参证于社会进化史的理论，可以认为图腾是原始人类在从事狩猎采集经济阶段必然产生的。其特殊的信仰、习俗，涉及氏族社会的各个方面。图腾的某些仪式，更有转形改质，甚至构成文明民族的某些风俗习惯。

图腾崇拜广布于南北美洲、非洲、澳洲及大洋洲群岛等原始民族间。有关原始艺术的著作中，谈到各地图腾民族之艺术活动遍及艺术各门类。同一图腾集团的成员可视为一完整的群体，以图腾为共同信仰。身体装饰、日常用具、住所和墓地之装饰，皆采用同一的样式，表现同一的图腾信仰。

中国古籍中有"天命玄鸟，降而生商"之语（《诗经·商颂》），可知商族初期，当有图腾信仰，而且一直流传下来。

台湾高山族有蛇图腾崇拜，其建筑及用具上多采用蛇的图案。据林惠祥的记述："蕃族有以祖先死后灵魂转入动物者，又有谓其族之起源系诞自动物者，由此而发生动物崇拜。如派宛族对于一种毒蛇之崇拜即是。其蛇属管牙类之响尾蛇科，学名为 Trimerosuriis Linkianns Hilgd，台湾人称之为龟壳花，为台湾最毒之蛇。《台湾府志》云：'有文龟壳，啮人最毒。'盖其盘旋栖息时，身上之纹，适合成龟壳形也。派宛族之一支查里先称为卡马华兰，派宛本族称为扶仑。咸加以极敬虔之崇拜，不敢杀害，甚或于酋长之家室中，特备一小房，以为其巢穴。屋饰器物，常雕蛇形，其初盖全由于敬虔之念。其崇拜之故，有神话说明之。"[4]

特定社会群体尊崇特定动植物，并以该动植物为自己的图腾。图腾代表某些特定社会群体，象征特定社会群体。

象征是运用其他手段表现一定内容的方法。这种方法是多义性的。正因为其多义性，也就容易引起误解。比如说，早期的人类学家把原始人的图腾崇拜和巫术活动简单地归于无知，就是这个缘故。实际上，这些都是早期人类象征的表现。图腾是一种象征。随着对早期人类的礼仪与宗教、民俗与艺术研究的渐趋成熟，人们把象征表现视作人类独有的思维想象力，是一种特定的文化现象。人类早期的祭祀、礼仪等场合，使象征的表现力变得栩栩如生，迸发出极强的想象力。

图腾的象征性不只是混乱的多义性，而且有原始人类始终如一的表现力。因此，对于图腾的研究业已成为当今人类学家最具吸引力的课题之一。

鄂伦春族认熊为祖先，美洲印第安人立鹰、鲸等为标志的图腾柱。澳洲沙漠中的游牧部落阿兰达人认为自己的祖先并非人类，而是动物或植物。新生婴儿的生父不过是帮助祖先神灵进入妻子的体内，婴儿的神灵父亲可能是袋鼠、昆虫、某一种树或水与火等等自然现象。究竟认定哪一个，则必须经过族中长者的指点和认真回忆本地神话，才能求证婴儿的神灵父亲是何物。凡是不想怀孕的妇女，路经神灵栖息的地方，得加倍地小心，并用嘶哑的声调哄骗说：你看我已背驼腰弯，挂着拐杖和你交谈，请你别来碰我这年老色衰的老太婆吧！

2. 苗族妇女把图腾顶在头上

苗族姑娘头上有一种又大又长的牛角形银饰，中间为龙凤图案，两角间有一轮光芒四射的太阳。这种牛角形银饰就是顶在头上的图腾标志。

图腾文化是一种世界性的文化现象。就世界范围来说，没有哪一个国家的图腾文化有中国保存得这么完好。中华民族的龙凤文化至今仍深入人心就是一个很好的例证。但现在仍把图腾顶在头上作为族徽的民族并不多。苗族正是把图腾置于头顶，明显地表示了其本民族的图腾文化特征[5]。

由于历史上氏族的兼并与融合，苗族的支系多，图腾的种类也很多。在这些图腾标志中，有牛角形银饰、鸟饰、狗头帽等流传下来。

除了上面提到的牛角形图腾头饰外，苗族也用银鸟饰和鸟羽来装饰头部。日本学者鸟居龙藏在其《从人类学上所见之西南支那》一文中记述：（贵州饭笼塘苗族）"此处有叫作凤头鸡的部落，汉人及苗人称之为凤头鸡，它的起源，乃因部落之妇女的头发高结额前，形似凤凰之头之故。"可见，这一支苗族的祖先是以鸟为图腾，故有结发模仿鸟头的习俗。

在苗族神话中，鸟即传说中的鹖宇，是它孵出了人类。郭沫若在论"玄鸟生商"的神话时认为：玄鸟旧时为燕子，或为凤凰。但无论是凤或燕子，都是生殖器的象征。鸟直到现在都是（男性）生殖器的别名，卵是睾丸的别名。根据郭氏的分析，我们认为远古先民将鸟作为图腾来崇拜，应和祈求生殖繁盛有关。

另外，苗族儿童还喜戴狗头帽。这是因为一方面他们认为狗易长、易活，另一方面南方少数民族认为狗王盘瓠与人有血缘关系。湖南湘西的苗族修建盘瓠庙，每年都举行祭祀，其间还要进行龙舟竞渡。这都是以祭祀狗图腾为中心展开的宗教活动。他们认为苗族小孩戴上狗头帽，就会像狗一样健康成长。这也是图腾崇拜的遗俗。

无独有偶，在中国南方的岩画中，也可见到顶在头上的图腾形象。这在云南沧源崖画和广西花山岩画中都有发现。例如，在广西花山岩画中身佩武器的舞者头上就有狗和鸟的形象，当是舞者所属的图腾，与苗族姑娘头上银鸟饰的性质是一样的。

在动物中，狗是最早被人类驯服的动物。一直到现在，一切被驯养的动物之中，最忠于人类者还是狗。亚洲又是世界狗种的起源地。原始人把某种动物视为本民族的亲属或祖先，主要是基于祈求平安和繁衍生息的需求。例如，或因受到威胁而感到恐惧，或因受到保护和帮助而心怀感激，或因惊叹大自然之玄妙莫测而萌生敬畏和迷惘之情。图腾文化产生于原始狩猎的经济基础上，最早的图腾对象是动物。而犬类既起源于亚洲大陆，又是最早被驯化的动物。随着犬类在狩猎生产和保护人类方面所做出的贡献越来越受到人们的重视，初民怀着感激与敬畏的心情以狗为图腾物，希望犬类永远帮助、保护本族人民。因此，广西花山岩画舞者的头上出现了狗的形象。而苗族儿童至今仍戴着狗头帽，也是完全可以理解的。

3. 北方岩画中的鹿图腾形象

在新疆新源县则克台镇郊外一座海拔 1250 米的山上，有两块巨石，石面几乎是垂直陡立，而且表面平整光滑。巨石上凿刻有鹿，鹿下方有骑马者、牧人等。鹿腹内有几只小野山羊。鹿高 90 厘米左右，周围的其他动物和戴尖帽的人物高、宽各约 15 厘米。岩画位于陡峭崖壁之上，场面十分壮观，是北疆大型岩画之一。

整幅画面以母鹿崇拜为主体。母鹿的体内后来又有人凿刻了几只小野山羊，但这决不是随意的添加，而是始终延续着其文化意蕴，使这幅作品既具有图腾崇拜的意义，又有生殖崇拜的内涵。人类在狩猎及放牧时期，动物的繁衍与人类的生活、生存有着直接的关系。换句话说，动物数量的增加也意味着人类部族的强大。

甘肃的国庆岩画位于甘南藏族自治州玛曲县齐哈玛乡的国庆村，黄河支流结柯河从中穿过。在这个岩画点画有三只鹿的形象。据记载，鹿是远古时代生活在这里的藏族部落董氏印迷的图腾。据《安多政教史》记载，该氏族部落的图腾标志是白鹿。这种图腾文化在国庆岩画中得到了印证[6]。

传说蒙古族的女始祖奥云高娃是一只梅花鹿（即"美丽的母鹿"）。这只神鹿的形象在蒙古人谱系颂诗之首，蒙古人的宇宙起源传说就是以它为开端的。"美丽的母鹿"不仅开创了成吉思汗的祖先居统治地位的"黄金家族"孛儿只斤族，而且开创了整个蒙古民族。其实不仅是蒙古族，鹿的形象在欧亚草原民族中也有特殊的意义，显然与上起斯基泰人和匈奴人、下迄欧洲大陆晚期游牧民都有很重要的关系。所以，在中国岩画中，西自阿勒泰，南及青藏高原，北沿内蒙古草原，以至内蒙古东部的白岔河，都有大量精美的鹿形岩画。这应与远古时代的北方草原民族的图腾崇拜有关，并与后世的鹿崇拜有密切的联系（图三〇）。

图三〇　内蒙古桌子山苦菜沟岩刻（摹绘）

4. 鸮形人面像岩画与商代的鸮形器

青岛市博物馆藏有一片甲骨，上面的文字大意是说：在丁酉这个时候进行贞卜，问妇好这个人能不能生育？贞卜的结果是能生育。妇好是殷王武丁众妻之一。1976 年，其墓在殷墟发现，出土了大量珍贵文物，不少铜器上有"妇好"的铭文。这是目前能够与历史文献和甲骨文相互印证的考古发现。

在妇好墓中发现的铜鸮尊，圆眼钩喙，通体布满纹饰。到目前为止，在商代墓葬出土及传世器物中，已发现许多与鸮有关的物品，既有青铜的，也有玉石的，雕刻手法及纹饰各不相同。这主要是由于商以鸮为图腾。总体说来，作为装饰题材的鸮的形象上总有一部分被加工、处理得格外醒目。例如，锐利的钩喙、狰厉的面部、粗壮的腿足等。这些有意识的夸张，显然是要强调鸮的威慑力。由此推断，鸮在商代是被视为具有庇护能力的神禽，就像后世视作神灵的龙、凤、狮子一样。

《诗经》、《楚辞》、《吕氏春秋》、《史记》等书中都记载有"玄鸟生商"的传说。商代晚期铜器中有玄鸟妇壶，壶口上有"玄鸟妇"三个字合写的铭文，可以作为商人以玄鸟为图腾的有力的证据。

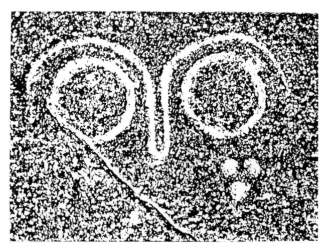

图三一　江苏连云港市将军崖鸮面像岩刻（拓本）

鸮就是猫头鹰。孙新周在《走近岩画世界》一文中说：猫头鹰受到先民崇拜的原因在于它是他们的农业保护神和祖先神[7]。在先民的原始观念中，猫头鹰和龟一样都是黑夜的太阳。其实鸮也就是中华古老神话传说中的大神帝俊（或称帝喾、帝舜）和商民族祖先神高祖夒。先民们在甲骨文中构字象形的原型亦是鸮鸟。众所周知，鸟是生殖神。

在连云港将军崖岩画中，鸮鸟常被简化为 ◌◌ 形图式符号（图三一）。内蒙古、宁夏等地的岩画中也可以看到类似的图式。有的学者认为，这或许可以透露出东夷先民迁徙的某些线索。由于远古先民是以冬至作为新年的开端，而冬至的天文点又是以昴星宿位于中天为标志的，即所谓"日短星昴"。此刻，猫头鹰作为候鸟开始活跃。它能消灭农作物的天敌，报晓新春的来临。物候与天象结合，猫头鹰便成了昴星宿的生命意象，也是太阳和春天的象征，即所谓"昴曰髦头"（猫头鹰）。于是，我们看到了"猫头鹰—昴星宿—太阳"这样一条文化链。原始文化存在着神话逻辑，它受控于看似毫无联系但又能隐喻互换的原始思维。

此外，在连云港岩画上还出现大头人面像的谷神，也就是神话传说中的稷。在连云港将军崖岩刻中，人面像和植物形的图案最为突出。人面像头饰为几何形图案，眼睑用多根线条勾勒，另加三根线条组成眼角的鱼尾纹。从耳朵到脸颊和嘴角，则用许多短线条连接起来。人面像都有一根长线条，从额头到面颊，一直连到下面的禾苗或农作物上。农作物的图案分为两种，一种由下向上，刻成一组放射状图形，似表现禾苗；另一种在放射状图形下面还刻有许多三角形和水平线，可能是表示埋在地下的根块。稷是谷神，古写为 ◌◌ 形。这正与岩画中人面像下面连接一条线的构形相合。《山海经》记："夋生稷。"实际上是指以猫头鹰为象征的昴星宿的出现，即冬至，标志着太阳回归，万物萌生。所以，图腾崇拜可能就是连云港岩画所表现的主题。

（三）生殖崇拜与弓箭的作用

近年来，生殖崇拜与生殖巫术在许多中国学者解释主题岩画的著作中占据着重要的地位。

作为一种艺术现象，岩画产生于旧石器时代的晚期，与狩猎文化紧密相连。随着人类社会的发展，它又与牧业及农业文明相关。农作物和牲畜的丰产以及人类自身的繁衍，是当时宗教礼仪活动的重要内容。因此，生殖崇拜的题材在岩画中占有相当大的比重。

生殖崇拜，是世界上普遍流行的一种风俗。生殖崇拜在原始艺术作品中的表达方式，往往是赤裸裸的。如雕塑裸体女像，夸张生殖器、乳房、腹部等与生殖有关的部位。又如陶塑裸体男像，夸张男根或模拟男根塑造的"祖"。在岩画上甚至有直接描绘男女交媾的图形。

恩格斯在探讨家庭、私有制和国家起源时，曾论述道："根据唯物主义观点，历史中的决定性因素，归根结底是直接生活的生产和再生产。但是，生产本身又有两种：一方面是生活资料，即食物、衣服、住房以及为此所必需的工具的生产；另一方面是人类自身的生产，即种的繁衍"[8]。这里所说的两种生产在岩画艺术中都有反映。原始人对生育现象最初是茫然无知的，后来虽逐步把生殖器、交合与生育的因果联系起来，但对怀孕而产子的真正原因及其存在的偶然性缺乏科学的认识，因而产生了生殖崇拜观念。新石器时代的孕妇裸体像、雕塑"祖"、陶器表面装饰的裸体女像或两性人的浮雕,岩画中夸张男根、女阴和交媾的画面,以及一些弓箭等隐喻的作品,都是先民们对生殖崇拜的生动记录。

1．弓箭的生殖意义

弓箭在原始艺术中具有的双重含义。作为一种武器,它们经常出现在狩猎或战争的岩画中。但人们往往忽略了弓箭作用的另外一层寓意,即生殖崇拜的意义。

弓箭作为生殖崇拜的符号出现时,弓与箭各自扮演不同的角色,弓象征女阴,箭象征男根。执弓搭箭就意味着两性交媾。如果施加巫术的魔力,弓箭图像就有了增强生殖力的作用。

贺兰山岩画中多处出现有交媾内容的画面。大西峰沟岩画

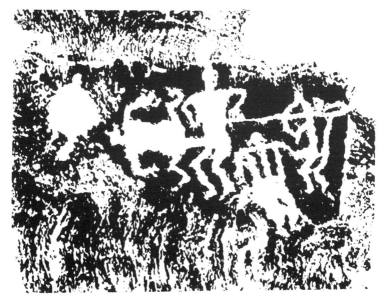

图三二　宁夏贺兰山大西峰沟岩刻（拓本）

中的交媾图为女性仰身躺卧，叉腿屈膝，男性立于女性前方，作交媾之态。交媾者身后站立一个举弓搭箭的射手，正瞄准男性的背部（图三二）。在新疆阿勒泰的岩画中，也有与此寓意相同的一幅作品，但弓箭的表现被刻意夸张了，直接触到交媾中的性器（图三三）。这两幅交媾图的表现形式如出一辙，如

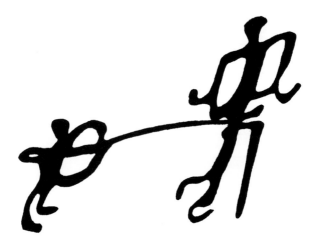

图三三　新疆哈巴河县唐巴尔塔斯岩刻（摹绘）

果以生活现象作解，便不可理喻。但从巫术文化的角度观察，这正是对将弓箭具有的生殖力传递给交媾者的夸张表现。它满足了先民们渴望生育繁衍的内心欲求，男性通过背后弓箭施于自己的力量，表现出更为强劲的阳刚之气。

2．新疆母系氏族社会时期的洞窟彩绘岩画

在阿尔泰山和伊犁河流域发现的洞窟彩绘岩画，计有特克斯县乌孙山中的阿克塔斯洞窟、哈巴河县的松哈尔沟洞窟、阿勒泰市的阿克塔斯（蒙库）洞窟和富蕴县的唐巴勒塔斯洞窟。

这些洞窟彩绘岩画最突出的特点是女性生殖崇拜,因而在其最显著的位置上都赫然绘有女性生殖器。如特克斯县阿克塔斯洞窟的正壁上,赭绘一醒目的女阴;阿勒泰市阿克塔斯的洞窟进口处,首先赭绘一女阴;富蕴县唐巴勒塔斯的洞窟正壁,赭绘四个椭圆形的女性生殖器,都十分写实。

各洞窟内彩绘的女性生殖器形状大致相同。母系氏族社会时期,在与自然和猛兽的搏斗中,人类迫切需要大量的人口以增强氏族的力量,获取更多的猎物。当时对人类的生殖繁衍还缺乏科学的认识,但每个孩子都是由女性生出,是人们最直接的感性认识,因而产生了不少有关生育的神话。在中国古代有母亲感月而孕、履大人足迹而孕,以及吞鸟卵致孕的故事。这些故事反映了远古人民对生育奥秘的模糊认识,但其中所包含的生殖崇拜的意味,与洞窟内彩绘的岩画作品一样是极为明显的。

关于这些洞窟彩绘岩画的年代,有的学者认为是旧石器时代晚期、新石器时代早期,距今至少在五千年以上[9]。

3．新疆巴尔达库尔人体岩画

新疆的巴尔鲁克山,在古代是东西方交通的重要通道。其西面有著名的阿拉湖,北面为塔额盆地,西南临阿拉山口,东面则是准噶尔盆地。

巴尔达库尔岩画点位于巴尔鲁克山的北部,在裕民县哈拉布拉镇西南25公里处,是一座裸露着赭红色岩石的小山。岩画凿刻在光滑向阳的岩壁上,有数百幅岩画因年代久远已覆盖了一层岩晒。除反映动物形象的题材外,其最为精彩的是反映性崇拜的作品。其中的一幅,在一块岩晒很厚的岩壁上,用小而密集的敲击点,凿刻出裸体男女形象十二个、动物十一个。

男女都是裸体。在画面的中心，有一高大的男性形象，头插四根饰物，腰围四条裙带。男性的生殖器画得很长，面向一女子。其手握生殖器插入女子的阴部。这是一幅以男女裸体甚至男女交合的画面来表现生殖崇拜的岩画。

这幅生殖崇拜的岩画被凿刻在很显眼的位置上，并用夸张的手法赞美男性的身体，以及男性在人类的生殖和繁衍中所占的重要地位。画面上的男子身躯粗壮、高大，女子则线条柔美，身材较小，且两臂平伸，双腿微屈，处于从属地位。这幅岩画与呼图壁康家石门子的岩画相比，当同属父系氏族社会时期的生殖崇拜作品。但巴尔达库尔岩画的制作较为粗糙，可能是属于比较早期的作品。

生殖崇拜产生之初，首先是对女性的崇拜，辽宁牛河梁"女神庙"中出土的女神像，即是女性被神化的例证。河北滦平出土的裸体孕妇临产状生育女神像，也是其代表作。

这方面的情况在民族学材料中也可找到佐证，如尚保存着母系氏族公社残余和崇拜女神习俗的云南永宁纳西族，他们崇拜"干木"女神，认为干木山是女神所变。每年七月二十五日，要在山前举行隆重的祭礼，以祈求五谷丰登和人口兴旺，并供奉主宰生育的女神"那蹄"。神像系用糙米塑成，腹部放一个鸡蛋，为一乳房丰满、腹外凸、阴部显露的女性形象。这一民族学的资料，正好与史前先民在塑造女性神像时突出性器官的作法不谋而合。尔后，随着社会生产力的发展，以及男子在社会中所起的作用越来越大，男子最终取代了女子的地位，对女性的崇拜也逐渐让位于对男性的崇拜了。男性裸体的塑像也突出表现性器官，并以陶"祖"象征男性。男裸体塑像及陶"祖"由偶见到多见就是明证。此外，还有石雕"祖"，其大小与陶"祖"差不多。海南省民族博物馆藏有一件大型石雕"祖",系用写实而夸张手法雕琢而成。龟头显露,包皮格纹清晰,长达三十多厘米,显然是生殖崇拜象征物的代表作。

(四) 祖先崇拜的礼仪

原始群体中人与人之间的关系,表现在配偶方面是实行杂乱的性交,没有任何家庭,只有母权能够起某种作用。正如《吕氏春秋·恃群览》中所说:"昔太古尝无君矣,其民聚生群处,知母不知父,无亲戚兄弟夫妻男女之别,无上下长幼之道。"又如《列子·汤问》中所记,当时是"男女杂游,不媒不聘"。

人类进入父系制时期后即展现出一个崭新的英雄主义时代,氏族之间的争战兼并加剧,为氏族建功立业者被称为英雄,并尊为氏族部落的始祖。传说中的三皇五帝就是在氏族战争中得胜的英雄。人类自此又出现多种形式的祖先崇拜仪式。

祖先崇拜是在自然崇拜、图腾崇拜、生殖崇拜发展过程中产生的,是由自然人格化、神化,发展到对人的神化以后出现的。起初,原始的人类把动植物视作自己的祖先加以崇拜,随着人类自身力量的强大和对自身在繁衍子孙后代的生殖功能方面开始有一定的认识,遂由崇拜动物转而崇拜人物。氏族已故的长者或部落的首领,往往成为祖先崇拜的对象。这时,人们开始寄希望于祖先保佑其氏族平安子孙繁衍。

1.布利亚特蒙古人朝拜岩画的仪式

布利亚特蒙古人在朝拜岩画之前,要举行萨满教的祭祀仪式,即采来一些蒿草和香薄荷草,点起火堆,把草扔进火中。

草冒烟后，每个人抬起脚来放在烟上熏一熏，然后大家围坐成圈，由一位长者把酒倒入木碗，面向石崖念祷词，并三次向石崖泼洒少量的酒，请求允许他们参观祖先的作品——岩画。他们认为岩画是其祖先刻上去的。

贝加尔湖查干扎巴岩画中的天鹅图像，不少学者认为与布利亚特蒙古人的始祖起源传说有关。在布利亚特蒙古人的传说中，英雄霍里多依长大后与天鹅结了婚，到年老时，天鹅飞走了。从此在布利亚特蒙古人中留下一个风俗，当天鹅或老鹰飞过的时候，都要朝天泼洒茶水或牛奶。所以，岩画上的天鹅形象当与祖先崇拜有关。

2. 麻栗坡县大王崖祖先像岩画

麻栗坡县位于云南的东南部，和越南接壤，为中国南疆重镇。麻栗坡大王崖岩画点，在县城东约 1 公里的畴阳河畔，离河岸约 150 米，高出河面 20 米左右。

大王崖的祖先像在第 1 号岩画点，画面高约 8、宽约 6.1 米。画幅的边缘漫漶不清，有些图形已部分或全部剥落了。岩画现存二十余个图像，其中人物十一个，牛三个，符号五个，纹样四组。岩画以两个主要人物为主体，构成一幅奇妙的画面。

画中两个主要人物为巨大的裸体立像，身高约 3 米。其目视前方，双臂微屈，两腿分开，呈八字形。面部上圆下尖，长发齐肩，头部约占全身的五分之二。其造型与设色都和其他岩画点不同。人物用红色衬托，用黑色绘制，用白色勾边。脸的上部涂白色，下部着红色。鼻子从前额开始画一条直线，至两颊的中央断开。弯眉圆眼，嘴形很奇特，也是一宽宽的垂直线，和鼻子连在一起。岩画用黑、红、白三种对比鲜明的颜色绘成，并以白色勾勒轮廓。画面色彩统一，造型手法夸张，装饰风格显著，与中国迄今发现的古代岩画很不相同。在主像的上、下方，都有图案和装饰带，上方是一条波纹状饰带，下方则是云雷纹图案，其间杂有人和牛的图形多个，大都模糊不清。

这两个高大的祖先像，大约是原始宗教所崇拜的保护神。神像下的那些动物和正在顶礼膜拜的人物，都是神像庇护下的生灵，卷曲缭绕的云纹则是风调雨顺的象征。这里描绘了一组牲祭的场面，两头有着硕大弯角的肥壮水牛相对而立，作为牺牲，中间站立一人，双手置于头顶，两腿蹲曲作参拜状。另有欢跳娱神的舞者。这幅画面即是祭祀活动的真实写照。

这样看来，这个岩画点大约就是往日举行祭祀的场所。在岩画点附近曾发现过新石器时代的遗址，神像或许与此有关。

（五）多功能的人面像崇拜

在中国，人面像绘画曾见于新石器时代彩陶的图案中，人面像的雕刻则见于商周青铜器，其中数量最多的是饕餮。究竟饕餮为何物，其说未明。有的人说是怪兽形，有的说是夷狄形，也有说是人首。粗略看来，似有点像人头，仔细观察，又与动物图腾的形象有点联系。总之，应是和岩画人面像属同一类型。

岩画人面像的研究是一个复杂的课题，既与新石器时代的陶器及商周青铜器上的图案有联系，又与后世的面具一脉相承。它综合了自然崇拜、图腾崇拜、生殖崇拜、祖先崇拜诸多因素。如人面像的头上或四周放光芒的图形，在内蒙古的阴山、桌子山，宁夏的贺兰山，江苏的连云港都有发现，俨然是一种太阳神的形象，应与自然崇拜有关；某些兽面形、鸮面形的人面像，又与图腾崇拜有关；而阴山和桌子山的某些人面像，突出了性器官的特征，则又与生殖崇拜有密切联系。

1. 诡秘的人面像岩画

中国人面像岩画有着广泛的分布，在北方，主要在内蒙古的白岔河、阴山、桌子山，宁夏的贺兰山（图三四）和新疆的阿尔泰山；在南方，主要在江苏的连云港、福建的华安和台湾的万山等地。

有的学者说，岩画是原始艺术的大手笔，而人面像则是中国岩画艺术的重头戏。人面像岩画在全世界都有发现。中国的

图三四　宁夏贺兰山贺兰口人面像岩刻（拓本）

人面像岩画以其数量之丰富，风格之多样，在世界人面像岩画中占有突出的地位。

那些怪诞奇异的人面像形象，反映了一个我们所未知的精神世界。荒唐的想象，大胆的创造，既是神灵的形象化，也是先民们思想信仰的具体表现。画面所传达出来的欢乐和哀伤，往往把人们带到了对于那久已逝去的时代的冥想之中。

对于人面像岩画的表现，先人们不惜运用一切夸张、强调、浪漫的技巧，以及造型、线条、符号的手段，充分流露出自然的、纵欲的野性，给人以极度的感官刺激。它更多的展现出雄性的刚健，表现出生命的力度，透现出饱绽欲裂、喷薄欲出的阳刚之气。我们可以把它看做是生命力的象征。

在连云港将军崖岩刻中，许多人面像岩刻大都不描画真实人面和人面的轮廓，而只以几个孔点表示。两个圆点作为眼睛，第三个圆点可能代表嘴巴或鼻子。史前的艺术家们并不想着力表现人面的细部，只刻画出一张嘴和一双眼睛，仅此而已。眼睛和嘴巴通常刻成圆形或椭圆形，但有的眼睛却表现为歪斜的鱼形，传递出一种奇特的情感。

在福建华安仙字潭岩刻中，有一些较为复杂的无轮廓型人面像。其有着弓形的眉毛，有的甚至刻有胡须，但面部的轮廓却往往忽略不作表现。这种描写手法就是把所有的重点都放在眼睛上，可以称之为"眼睛人面像"。由于人的眼睛射出的光芒可以慑人心魄，所以人面像成为初民描绘神灵时最常见的形式。

学者们认为，人面像岩画系新石器时代的作品，有些可能稍晚一点，尤其是绘有头饰的人面像。这种人面像越来越写实，也越来越有人情味，具有了祖先崇拜的文化内涵。在这里，古代的信仰和后世人们的生活方式联系在一起了。

2．光芒四射的太阳神

在中国为数众多的人面像岩画中，有一种是通过人格化的表现手法来塑造太阳形象的。在内蒙古阴山、桌子山、白岔河流域和宁夏贺兰山发现的岩画中，有的人面像头上放射着光芒。这种通过人格化手法表现太阳的岩画，是远古时期自然崇拜的表现，也是人类崇拜太阳并对其加以神化的一种反映。

古代崇拜太阳神的观念几乎遍布世界各个角落。在高高的苍穹之上，神奇的太阳放射出万丈光芒，给人类带来光明，送来温暖，赋予万物以勃勃生机。同时，又使土地龟裂，草木燃烧，生灵涂炭。原始人类认为这是一种至高无上的神灵在起作用，而这种至高无上的神灵就是太阳神。

于是，先民们在岩石上绘制或凿刻太阳的形象，有的只是表现圆盘形的太阳四周放射着光芒，有的则将太阳人格化，即在人面像四周加上太阳的光芒，而这就是太阳神人面像。如内蒙古桌子山岩画中，就有许多以人面像形式出现的太阳神形象。而在桌子山的召烧沟岩画中，太阳神人面像形态各异，四周布满辐射状线条，象征着太阳光芒四射。另有将四个太阳组合在一起的太阳图，充分表现出生活在桌子山一带的古代先民们对太阳神的崇拜意识。因此，可以说对太阳神的崇拜是桌子山岩画的重要内容。

内蒙古赤峰地区的白岔河和阴河流域的人面像岩画，有的眼部图案用圆环表示，四周绘出一圈太阳光芒纹的睫毛；有的则在脸部周围刻上太阳光芒，形成一种将自然现象人格化的神灵图像。这种太阳神人面像，明显具有二重性。一是有人性，即有喜怒哀乐的表情；二是有物性，即太阳的威力。太阳是神异奇妙的发光体，能赋予大自然生机，给万物以生命。因此，见于岩画的太阳神人面像，比那些只是简单地描绘太阳圆盘形外观的图像，更能使人们直观地感到神灵的显现。

由于太阳和人类生活有着极为密切的关系，一些部落纷纷将太阳视为保护神，并作为部落图腾来加以崇拜。传说，东夷民族部落首领太昊和少昊便是太阳神的化身。根据历史文献记载，赤峰地区的古代民族一直保持着崇拜太阳神的原始宗教信仰。历史上，分布在赤峰地区的东胡、乌桓、鲜卑、契丹、蒙古等游牧民族都尊太阳为最高神，并经常举行各种隆重的仪式祭典。一些皇帝和部落联盟长还以太阳神的子孙自居，每逢重大活动都要"东向拜日"，祈求得到太阳神的保佑。赤峰地区岩画中出现的太阳神形象正是太阳崇拜的早期表现形式。

3. 眼睛人面像与生殖崇拜

在狼山格尔敖包沟的山崖上，发现了一个不算大的人面像，画面只简略地画了两只眼睛和长长的鼻子，没有面部轮廓。显然，这幅"眼睛人面像"是由两个睾丸和阴茎构成的男根纹。在乌拉特后旗的大坝沟有一幅更为明显表现生殖崇拜的人面像岩画。此幅岩画刻在险峻的崖壁上。画面形象颇似男性生殖器，上有一对睾丸，下面连着阴茎，末端有龟头。它也是一种男根纹。对其造型，作者采用了形象而直观的表现手法。不过值得注意的是，除了阴囊部分构筑成人面形之外，龟头也被刻成人面状。先民们的用心是很明显的，即夸大在生殖活动中具有神秘功能部位的神性。从此幅岩画面积之大（高1.1、宽0.64米）和距地面之高（约20米）可以看出，它在先民心目中具有极为显要的地位和神圣的意义[10]。

内蒙古白岔河流域发现的一幅人面像岩画，由一个类人的鸮面和一个棒槌形构成。鸟是阳具，也是男性生殖力的象征。鸮鸟是太阳的象征，也是帝俊神的原型。岩画中的人面代表阴囊，双眼象征睾丸，棒槌形无疑意指阴茎，于是生殖崇拜的神灵构成了。但先民思索的脚步并没有停止，而是延伸向更远的地方。他们认为宇宙的生殖力量是一个整体，因而可以相互传递或借助。所以，又在棒槌形上添加了意味深长的一条直线，用以象征大地。这样一来，鸮鸟是天的符号，并与大地相交，体现了"天地交，万物兴"的哲学思想。因此，这种神灵人面像便具有了强大的生殖魔力。

4．黥面像与祖先崇拜

内蒙古赤峰地区岩画分布最集中的白岔河和阴河，自古以来就是连接内蒙古东、西部地区的交通大动脉。早在八千年前的兴隆洼文化时期，便已有人类的活动。这一地区人面像岩画数量最多。其中阴河流域人面像就占阴河岩画数量的三分之二，阴河小睐歹沟不足200米的区段内竟集中了二十六幅同一题材的岩画。白岔河人面像已发现二十五幅，其中以黥面像格外突出。

黥面像早在新石器时代便已出现，在仰韶文化的彩陶盆中便绘有口衔双鱼的黥面画像。马家窑文化半山类型的人头形陶器器盖上，也有黥面的形象。黥面在不同的历史时期表现形式不尽相同，后来发展成各种面具。现在大洋洲、美洲和非洲的一些原始部落中，仍流行黥面习俗，这证明黥面是原始社会一种带有普遍性的文化现象。在原始社会，一般只有部落酋长和巫师才有可能绘制繁缛花纹的黥面，而一些死去的酋长往往被当作祖先崇拜的对象。所以张松柏认为，白岔河流域岩画中出现的大型黥面像，很可能是一种表现祖先崇拜的偶像[11]。

白岔河发现的巨幅黥面像岩画，直径均在 2 米以上，多分布在悬崖的顶端和底部。制作工艺非常复杂，刻磨出的线条宽达 3 厘米以上。黥面花纹令人眼花缭乱，面部器官也极为夸张。眼部多采用几层圆环相套的方式表示眼珠和眼眶，鼻子和嘴多呈长方形，牙为锯齿形。有的岩画还在嘴部四周装饰一周锯齿纹，颊部刺出多重三角纹，表情狰狞可怖，渲染出一种神秘恐怖的气氛。

远古时期以血亲组成的氏族部落，往往把部落中早已死去的某个首领作为祖先崇拜的对象，并将这位祖先描绘成一种超脱凡人的狰狞形象加以神化，以起到驱妖避邪的保护神作用。在大洋洲的一些岛屿上的原始部落，多将崇拜的祖先形象刻成许多个巨齿獠牙的黥面像，挂在部落议事大厅的门口。北美印第安人的图腾柱，高高竖立在村落周围。造型怪异而独特，色彩艳丽而醒目，多为颂扬首领及其氏族历史而建，以各种氏族神话形象为内容。其造型和艺术风格和白岔河大型黥面像有着异曲同工之妙。

5．人面像与面具

与人面像岩画最具直接关系的当然是面具，所以外国学者把人面像岩画直接称作面具岩画。

中国面具艺术的历史由来已久。自 20 世纪 60 年代以来，各地又不断有商周时期的青铜面具出土，纹样大都是前面提到的饕餮纹，至今已达百余件，多出于窖藏、祭祀坑和墓葬。虽然各地出土的面具各有特色，但总的来说可分为人面和兽面两种。

四川广汉三星堆祭祀坑所出的人面具，厚重巨大，有垂目者，有凸目者，皆阔嘴紧闭，神态安详，似为顶礼膜拜之对象。因此，有的学者认为这些人面像应该是为某种巨大的人像而制的头部。

陕西城固所出"铜脸壳"，表情凶恶，眼窝深陷，眼球外凸，中有圆孔。两耳直立，悬鼻突起。五官位置与人的面部相近，各有穿孔，可戴在面部。城固苏村，包括西安老牛坡所出之人面具则另有一番寓意。如报告所说，它们是很轻薄的"铜脸壳"，如人脸大，小眼，鼻处留孔，额头、双耳皆有穿孔，可以很合适地戴在脸上。其二目圆睁，龇牙咧嘴，故作狰狞之态，反倒愈显出憨拙质朴，恰如近世儿童嬉戏所戴之塑料面具。从形制上看，它与三星堆的青铜面具当属两种系统，应与中原一系更为接近。

上面这些是人面具，而城固所出之兽面具，也叫"铺首"，则形似牛首，两角粗大，尖端上昂。其眼球凸出，中轴隆起以代鼻梁，双耳较小。两耳及嘴两侧均有小穿孔，面颊两侧常饰以王字纹。

商周时期的青铜面具，其形制大小各具特色，功能用途亦颇费猜疑。学者们各有高见，但大体不出宗教法器之范畴。这些面具系当时的巫师进行宗教活动时所佩戴，以"往来于人神之间，消除灾祸，医治病疫，祈求丰收"。至于这些神秘诡异的面具背后究竟有着什么样的具体功用，表达了先民的何种思想观念，目前尚不得而知。

6. 巫傩面具

至今，西南一些少数民族中还保留有傩戏的形式，当为原始傩舞的余绪。

"傩"，始见于商周甲骨文，是一种驱鬼逐疫的民俗活动。驱鬼逐疫之傩与上古巫风中所体现的灵魂崇拜、自然崇拜、祖先崇拜有着密切的关系，可统称为"巫傩"。在原始文明史中，巫风傩俗是所有古老民族的共生现象。常言道"以恶制恶"。在文明不甚开化的古代，由于驱鬼的需要，巫傩面具比臆想中的鬼更加可怖，孔子称之为"怪、力、乱、神"。在长达数千年的奴隶制和封建制社会时期，巫风傩俗绵延不绝。随着宗教文明和封建文明的发展，具有巫者品格的"方相氏"，渐渐由野性十足的神兽演化为神人、神将，但始终保持着狞厉的面目和凶猛的神态。

震慑鬼魅的巫傩神灵是力量和威严的象征。一方面，它们以武力保佑人们不受侵害；另一方面，它们又以暴力控制人们不得产生邪念。神目睽睽，正如同古希腊神话中的达摩克利斯之剑，高悬在人们头上，随时都有可能落下来。在驱除自然界病疫灾难的同时，具有"斩妖"功能的巫傩神灵也规范着人间社会的道德秩序。

在长期的历史发展过程中，各民族经历过自然崇拜、鬼神崇拜的蒙昧阶段，不同程度地存在着与巫傩活动类似的拜神驱鬼仪式，而且也使用过面具。巫傩面具或用于供奉，或用于群众性的社火狂欢，或用于原始性的舞蹈和戏剧，具有娱神和娱人的双重功能。民间的巫风傩俗尤其存在着泛神、多神的倾向，其中既保留有原始遗留的兽形自然神，又不断营造与日常生活密切相关的新神、小神，如山神、水神、土地神等。同时，还吸收佛、道、儒各家神灵入座，甚至将英雄人物和道德楷模也纳入神灵的范畴，以示敬仰。由于仪典活动中娱乐的需要，间或还有世俗的、滑稽诙谐的面具造型，用作陪衬和助兴。它呈现出传统文明和历史文明的多层积淀，与中国各地岩画中人面像多种多样的面貌是完全一致的。因此，傩面具的这种走向，可以帮助我们研究巫傩面具鼻祖——人面像岩画的发展情况。

注　释

［1］鄂·苏日台《从民俗学探索岩画起源》，《岩画》1995 年第 1 辑。

［2］李洪甫《太平洋岩画》第 150 页，上海文化出版社 1997 年版。

［3］I. G. Frazer, *Totemism and Exogamy*, Vol.1, pp. 25、26.

［4］林惠祥《台湾蕃族之原始文化》，国立中央研究院社会科学研究所专刊第 3 号。

［5］罗义群《从头饰看苗族的图腾文化》，《中央民族学院学报》1993 年第 1 期。

［6］参见《甘肃地县概况》下册，甘肃人民出版社 1988 年版。

［7］孙新周《走进岩画世界》，《中华文化画报》1999 年第 5 期。

［8］恩格斯《家庭、私有制和国家的起源》，《马克思恩格斯选集》，人民出版社 1972 年版。

［9］苏北海、孙晓艳《新疆母系氏族社会时期的洞窟彩绘岩画》，《岩画》1995 年第 1 辑。

［10］孙新周《中国原始艺术符号的破译》第 63 页，中央民族大学出版社 1998 年版。

［11］张松柏《赤峰古岩画》，《中国内蒙古自治区赤峰市文物古迹博览》，内蒙古科学技术出版社 1994 年版。

五　岩画研究中的若干问题

（一）谁是作者

岩画遍布全国，但目前大多数发现在少数民族地区，系由古代少数民族艺术家们所创作。

《水经注》中记载了中原地区的许多岩画点，但可能因中原地区人口稠密，自然环境发生较多变化，原来记载的岩画点已经找不到了。另外，在中原地区文字产生得很早。从世界范围看，一旦文字出现，岩画就会逐渐消失。这是一个规律。

目前，中国发现的岩画，如果不是全部，也可说绝大部分都是古代少数民族艺术家的作品。因此，岩画和民族学、民族史的研究有着极其密切的关系。

从原始社会晚期以来，和世界上其他各国的古代民族一样，中国的民族也是复杂的。就以中国中部地区来说，自古相沿一直自称华夏。到清末，因受西方学术界的影响，才开始觉得苗民并非国名，实属族名，乃分华夏与苗族为二。1911 年以后，异说更多，有分别华夏与东夷的，有把楚、徐、粤等族分出来的。但有一点几乎为全体历史学者所公认，即中国历史从开始时，种族就是复杂的、非单纯的[1]。

大体说来，早在夏商时期，中国就形成了夏（华夏）、东夷、北狄、西戎、南蛮五大民族集团。当时的夷、蛮、戎、狄是对四方少数民族的泛称或统称，而实际上每一个称谓又包括了很多族称和族体。秦汉时期，随着中国各民族的发展和多民族国家的形成，华夏族发展到了一个新阶段，汉代以后逐渐统称为汉族。其他少数民族也有很大的发展，形成和出现了许多强大的族体，如北方的匈奴；西方的氐、羌和西域各族，如塞种、乌孙、姑师；南方的百越、武陵蛮、西南夷；东北的乌桓、鲜卑、夫余等等。

1. 从黑山到昆仑山

甘肃嘉峪关市的黑山，屹立于河西走廊的西端。20 世纪 70 年代在这里发现了大量以狩猎题材为主的岩刻。

从我国古代历史上看，河西走廊一带是古代少数民族活动频繁的地区。早在春秋战国时期，羌族在西北地区就是个强大的民族，后来匈奴族强盛，逐渐侵入西北地区，羌族退居青海、河西一带。秦至汉初，大月氏活动于祁连、敦煌之间。不久，由于匈奴的侵袭，大月氏西迁葱岭，匈奴则占据河西一带。至汉武帝时，派大将霍去病驱走匈奴，固守河西走廊后，嘉峪关一带在相当一段时间无少数民族活动。直至汉末，西北地区各民族之间又发生频繁的战争。这时，汉民族的农业等先进生产技术和文化已影响到西北各少数民族。同时，在军事上，刀、矛等兵器也已普遍使用。但这在该地区岩画上不见任何反映，可见这些岩画是汉以前的作品，可能是早期的羌族、大月氏或匈奴族的文化遗物，其中羌族可能性最大。

80 年代，人们又在昆仑山发现风格颇为相似的岩刻。新疆且末的昆仑山岩画，据现有资料分析也是古代羌人的作品。其岩画中大角羊和鹿的形象及舞者的羽毛状头饰，与黑山同类岩画几乎是相同的。这些原始舞蹈，可能是一种图腾崇拜形式。

战国时期之前，敦煌属于瓜州范围，我国古代羌族即居于瓜州一带。《说文》从字形解释，羌人从羊，即是从事游牧，以畜羊为主的民族。远在三千年前，他们就分布在中国的西北部，过着原始氏族的生活。后来，才开始外流迁徙。

至于羌人为何西迁，以及何时进入塔里木盆地，一种说法是秦穆公以后，羌人迫于秦军的压力而西迁。但在此之前，西域的大多数羌人很可能是因自然的原因迁徙到那里的。翦伯赞《秦汉史》一书中曾说，西羌之族在新石器时代中期，循着南山北麓的天然走廊，迁入这个盆地的西南部。也就是说，羌族进入塔里木盆地的时间当在公元前 3000 年左右。这个时间也就是昆仑山岩画产生的年代，其下限可能延续至隋唐。据文献记载，公元 7 世纪末武则天时，西域的南山还生活着"群羌"。

2. 新疆岩画与塞人文化

据近半个世纪所收集的史料与考古发掘证明，早在八九千年以前，阿尔泰山地区就有人类从事狩猎、渔猎的活动。而公元前二千多年时塞人就生活在这一带。西汉初期，塞人为匈奴所迫远徙，月氏即居其地，后来西汉王朝设立都护府管理。阿勒泰市切木尔切克墓葬群发掘的战国时期的双联石罐、兽首柄石杯、石铸范、骨镞、铜镞和素面铜镜；哈巴河眸铁列克特出土的战国时期的铜豆；福海县古遗址发掘的秦代半两钱和汉代五铢钱等实物，都说明阿尔泰山地区有着悠久的历史和发达的古代文化。就对其文物的考证，其文化与中国中原地区也有着密切的联系[2]。

新疆的一部分岩画与塞人的活动有关。塞人亦称塞种，西方古典作家称之为斯基泰人（一译西徐亚人），波斯人称之为塞卡人，中国古代的史地文献则称之为塞种，亦称塞人。他们的祖先有说是属于安德罗诺沃文化的部落。公元前 2000 年，塞人分布于哈萨克斯坦、西南西伯利亚和南乌拉尔地区，并开始向东、向南迁徙，逐渐定居和发展了青铜文化。其中一部分曾散居于中国西部，和中国北部的游牧人发生接触。公元前 2世纪以前，他们游牧于今伊犁河流域和伊塞克湖一带。公元前 2 世纪前期，因大月氏西迁入侵其地，塞人分散，一部分南下，越过葱岭，进入印度。另一部分留在故地，与乌孙人混居，分布于天山南北各地，在新疆留下了许多岩画。

　　塞人社会早已崇尚人体美，在新疆裕民县巴尔达库尔、米泉县独山子村、呼图壁县康家石门子等处的岩画中，都有着大量的男女裸体岩画存在。从康家石门子岩画中，可以看出人物的面型和帽饰，与古文献中记述的头戴尖帽的塞人形象，多有共同之处。所以说，新疆的这些岩画出自塞人之手是完全可能的 。

　　库鲁克山的兴地岩画中出现"长房"建筑的形象，研究者认为可能是罗布泊地区原始人的住所。从兴地岩画点向南不远就是兴地山口，山口外就是罗布泊地区的孔雀河台地。多年来，中外学者们在这一带进行过无数次考古活动，发掘出不少古墓葬。这些古墓葬都属于同一考古文化类型，即"无论男女皆戴尖状毡帽，足穿皮鞋"。据此，黄文弼认为古代罗布泊居民为塞种人。这一论断已为中外不少学者所认同。兴地岩画最崇高的形象是太阳神，而太阳神正是塞人崇拜的最高神祇。另外，兴地岩画中还出现有卍字形符号。安德罗诺沃文化已用卍字形作为太阳的徽记，塞人也可能沿用这一图像。总之，从已有的资料和文献来判断，库鲁克山兴地的早期岩画也当与罗布泊塞人有关[3]。

3. 四川悬棺葬岩画与僰人

四川南部的几个县，如兴文、珙县和筠连一带，有一种悬棺葬的特殊葬法，地方志上称为"僰人墓"和"僰酋棺"。20世纪40年代，在珙县麻塘坝悬棺葬附近发现岩画，我们在前文中曾提到一些彩绘的人物图像和几何图形。岩画与悬棺葬当属同一民族所为，而这一民族又是谁呢？这一地区原是汉代的僰道和春秋战国时期的僰侯国所在地。按照汉朝郡县设置的规定，凡县境之内有少数民族住居的，即称为"道"。"僰道"之得名，就是因为境内有"僰"人居住的缘故。僰道的"僰"人和"悬葬高岩"的"僰"人之间的关系是非常明显的。

从一些记载看，僰人自始即有一族二称的事实。他们曾称为"僰"，后称为"濮"，如在《史记》中称为"滇僰"，在《南中志》则称为"滇濮"。古代史家已明确指出了僰和濮是同一民族。这从文献记载和文化特征中，可得到更多的证明。所以，四川珙县悬棺葬的民族成分，应是僰人，也即濮人，后来又称为僚人、都掌和土佬人的。从民族源流上看，这里的僰、濮、僚和都掌等，都出自百越，因此和百越一样都实行悬棺葬。悬棺葬的崖画，也应与悬棺葬一样，亦为出自百越系统的僰（濮）僚民族所遗留。这一带居民，唐称"生僚"，宋称"葛僚"，元称"土僚"，可见也是属于僰（濮）僚系统的民族。

元人李京的《云南志略》中记："土僚蛮，在叙州南、乌蒙北皆是。……妇人跣足高髻，桦皮为冠，耳坠大双环。……人死以棺木盛之，置于千仞巅岩之上。"另《蜀中广记》卷三十六引《文献通考》说："僰有姓氏，用白练缠头，衣尚青碧，……女绾发撮髻以饰簪。"将上面两段资料和四川悬棺葬岩画中的人物头饰相比较，岩画中人物椎髻和戴帽的形象与记载中的土僚蛮和僰人相同，大约是当时的主体民族。

再从悬棺葬的情况看，石钟健曾在《悬棺葬研究》一文中分析中国悬棺葬的民族成分，认为福建、浙江和江西东部，在古代是越族生息之地。这个地区的悬棺葬，不论称为"武夷君"、"武夷仙人"，或称为"蛮王墓"的，实际上都是越王子孙及其臣民的墓葬。湖南湘西和广西，在古代是百越人生息之地。这个地区的悬棺葬，不论称为蜑人、亿佬人、僚人和骆越人的，其实同越人都有关系。换句话说，此区悬棺葬都是百越人的。峡江、川东地区，古代是楚人、夔越人和濮人生息之地，中古是僚人、蜑人的居地。楚人不行悬棺葬，那么，这里的悬棺葬，在古代应与夔越人和濮人有关系，在中古应与蜑人和僚人有关系。可知此区悬棺葬，自古以来就是越人、濮人的。一句话，都是百越人的。四川南部的几个县，包括有悬棺葬岩画的珙县，在古代是僰人和濮人的居地，中古以来是僚人、土佬和都掌人的居地。此区悬棺葬是僰人或濮人及其后裔僚、土佬和都掌人的，故也都是百越人的[4]。

四川悬棺葬岩画的族属和时代问题，和悬棺葬联系起来，其实就是四川悬棺葬的族属和年代问题。悬棺葬是古代越人的葬法，也是越人后裔僰（濮）、僚人的葬法。根据文献记载和考古发现，其年代最早约属汉代，下至明万历时期，即公元1世纪至16世纪。至于岩画作者的族属，即为出自古代越人的僰（濮）、僚人。

4. 百越民族与东南沿海岩画

许多历史学和民族学的资料表明，中国东南沿海地区的岩画，如福建华安岩刻、香港古石刻等也都与越人有关。《汉书·地理志》注引记："自交趾至会稽七八千里，百越杂处，各有种姓。"长江下游较早的文化类型有河姆渡文化。其第一文化层，距今约七千年至六千五百年。关于河姆渡人的族属，现在已难以追索，推测当与百越的先民有关。百越居住的地区，尽管地域广阔，部落分散，但文献与考古资料都证明，早在越与百越分别居住于东南沿海以及西南地区之初，他们在物质文化和社会习俗方面，已经形成了不少相似或共同之处。例如，石器中的有段石锛、陶器中的印纹陶。在社会习俗方面，这一古老的民族也有许多诸如竞渡、断发、文身和崇拜蛇、鸟图腾等等共同的东西。现在西南地区的崖壁画和东南沿海地区的岩刻，则为此提供了更丰富的资料。

过去，中华文明一直被误为是单纯的农业文化，起源于西北黄土高原，是一种封闭保守、缺少进取精神的大陆文化。但据考古发现证实，生活在东南沿海的"饭稻羹鱼"的古越人，在六七千年前即敢于以轻舟航海。而河姆渡古文化遗址出土的木桨及许多海洋动物的骨骼，都表现出海洋文化的特征。

通过近年来的对外学术交流，我们还了解到古越人很早就向海外迁移，主要是向东和向南迁移。现在东南亚与南太平洋诸岛上许多民族，都和古越人的后裔有一定的血缘关系。台湾的原住民（高山族）也是古越人的一支。而东南沿海的岩画，特别是海岛上的岩画，正是先民们走向海洋的历史见证。

香港的东龙石刻，现在已剥落成两半。右半边是一只华丽的鸟，由于磨损，仅存头部与双脚。左半边为许多抽象的图形，内容不详。大浪湾石刻表现的也是动物图形，中间为头和双眼，下面是胸腹，均由几何图案组成，左右两侧似为双翅。虽然图案并不对称，但从全图看似为由螺形纹组成的鸟类形象。这与左江流域崖壁画中心人物头上的鸟的图腾形象，有相

同的文化内涵。这些岩画可能与当时越人的鸟图腾崇拜有密切
的关系。

5．岩画与有关的古代民族

在中国古史传说中，从原始社会晚期开始，就出现古代民
族的传说人物和相关的族称。江苏连云港将军崖的岩画，则与
中国古史传说人物少皞有关。少皞的族属，据《左传》记载，
应属东夷民族。当时东夷活动的地区即在今山东、江苏及安
徽、河南一带，所以我们有理由认为连云港岩画是东夷族的作
品。

中国北方草原，自古以来就是游牧民族活动的历史舞台。
据考古资料和文献记载，从远古时代起，这里曾出现过荤粥、
鬼方、猃狁、獯和戎、狄等氏族或部落。他们大约是早期北方
岩画的作者。春秋、战国时期以来，在中国北方草原上相继居
住过的少数民族有东胡、匈奴、乌桓、鲜卑、突厥、契丹、女
真、蒙古等。他们像鹰一样从草原上掠过，只留下一些岩画的
遗迹，散落在悬崖峭壁和荒烟蔓草之间。

中国北方草岩画，与许多古代民族有关，其中以匈奴族最
为重要。匈奴的起源至今仍然是个谜。起初，他们只是很松散
的氏族部落，后来却突然和其他草原部落联合起来，形成一个
庞大的部落联盟。匈奴族于公元前3世纪在大漠南北兴起，建
立了一个大帝国。匈奴时期的北方岩画，特别是内蒙古的阴山
岩画，数量很多，艺术性较强，有些图形与匈奴铜牌的纹样很
相似。

中国西部甘肃、青海等地的岩画，与古代羌族的活动有
关。羌族的羌字，甲骨文作𦍩，与羊字相近。有的学者认为
殷人所谓羌者，即用羊字。《说文》卷四"羊部"解释"羌"

字说："西戎，牧羊人也，从人从羊。"一般认为羌族在商时，是一个游牧民族，以牧羊而得名。西周时，其已广泛分布在今青海、甘肃、新疆南部和四川西北部一带。甘肃的黑山岩刻大约是羌族、大月氏等在汉之前所作。南疆地区的且末县昆仑山岩画、皮山县桑株镇岩刻，也是古代羌人活动的遗迹。

新疆有些岩画，上面说过与塞人的活动有关。此外，其还与匈奴、乌孙、突厥等民族有关。西藏岩画的主人可能与象雄、苏毗、吐蕃有关。他们就是从数千年前起长期生存于雪域高原的狩猎、游牧、农牧等古代民族。其主体应是藏民族的先民。

南方的古代越人，战国时期称"百越"，文献上亦作"百粤"。其分布很广，内部"各有种姓"，杂处于南方各地。近来，学者从新石器时代文化中去探讨越人的来源，认为它分布在中国东南和南方，包括印纹陶诸文化。其创造者应是越或百越的先人。前面提到的僰、濮、僚被认为是百越的一支。

越是中国南方主要的古代民族。秦汉时，泛称南方民族为越族，史谓"北方胡，南方越"。左江沿岸的崖壁画，蜿蜒数百公里，描绘了古代壮族先民社会生活的某些方面，是壮族先民们在艺术创作上的壮举，但文献中对壮族的民族鉴别一直有争议。语言学和民族学的资料指出，他们的祖先应属于越部族的一支。

云南现在生活着二十余个民族。由大量出土的文物和民族史料证实，在人类的童年时代，云南高原就是原始人群生息、繁衍的地区。其境内山高谷深，河流湍急，远古的居民被分割成一个个民族群体。在新石器时代，羌、濮、越三大族群，确实生活在这一地带。迄今发现的云南岩画，也符合这些原始族群的分布状况。

从东汉时期起，云南沧源属于永昌郡或"永昌徼外"的地区。据《华阳国志》、《后汉书》的记载，这一带的古代少数民族有掸人、越人、僚人、濮人等。从阿佤山上沧源崖画的内容看，它应和濮僚系统的民族有较多的关系。沧源崖画里有许多干栏式建筑，这种房屋为云贵高原古代民族所创。贵州赫章可乐墓出土的陶制干栏式房屋模型，屋顶为人字坡，内部则分作一层或两层。研究者认为，这批墓葬的族属为濮人。汉代的濮族，即魏晋时期及以后史称的"僚人"。《魏书·獠传》中关于僚人的干栏式房屋是这样描写的："依树积木，以居其上，名曰干栏，干栏大小，随其家口之数。"可见，干栏式建筑是属于濮僚系统民族的。

（二）年代的难题

在全世界范围内，最古老的岩画创作于距今约四万年之前[5]。至于中国岩画年代的上限，以前有的学者根据内蒙古阴山岩画中的动物图像，断定为一万年左右。又根据内蒙古雅布赖山岩洞中的手印图像（因欧洲旧石器时代晚期洞窟岩画中也曾有手印岩画），推断为三四万年。现在看来，对于这些年代的确定还需要作进一步研究。

要确定岩画制作的准确年代是有一定难度的。虽然中国岩画的上限难以确定，但其中一部分岩画，已被确认为古代先民的文化遗迹。

中国的岩画学者采用的断代方法包括以现代的科学手段，如放射性碳素和孢子粉化验断代；以画面上出现的动物种属的兴灭来推测年代；与古文献或出土文物对照来推测岩画年代；

以分析岩画内容、艺术风格、制作手段等来推测年代；利用民俗、民族学材料来推测岩画年代等等。大都是几种方法结合，相互对照，这样比较可靠。

1. 阴山岩画中的鸵鸟

岩画的题材，是作者对所处的社会生活和自然环境的如实反映。不同的时代，与人类共存的动植物也有差异。

某些动物在地球某地只活动在特定的时期，此后便因地理环境和气候条件的改变而灭绝。如果岩画中出现这类动物形象，则岩画的制作时间肯定是在该动物灭绝以前。欧洲学者在19世纪研究旧石器时代洞窟艺术时，就曾采用过这种方法。

在中国北方草原，大约距今一万年前，是鸵鸟和大角鹿尚在活动的时期。有人认为在内蒙古阴山岩画中有鸵鸟和大角鹿岩刻，所以把中国北方岩画的上限推到一万年以前，但目前此例尚属孤证。另外，由于岩画在表现上有概括化的特点，对于画面上动物种属的确定，有时难以十分准确。对此，笔者认为这几年来对中国岩画的断代研究已取得初步的成果。诸如，在中国北方草原上，大约距今一万年，动物群落中鸵鸟和大角鹿尚在活动。内蒙古磴口县格尔敖包沟岩画中，刻有七只昂首伫立的鸵鸟。在中国北方，几乎所有的旧石器时代晚期的遗址都有鸵鸟化石，但在新石器时代遗址里却从未出现过。可见，在旧石器时代，鸵鸟曾经是北方的古代人类十分重要的狩猎对象之一。另外，能够证实北方岩画上限年代的，还有大角鹿的图像。在内蒙古乌拉特中旗韩乌拉山的大角鹿岩刻，其角甚大，呈扁平形，近似掌状。这种大角鹿的出现是在更新世晚期，距今一万多年前就已灭绝了。虽然用这种基于动物图形辨认的方法来进行岩画断代，可以给我们提供一个线索，但也会有许多不确定的因素[6]。

依靠岩画上出现的动物图形来判断年代是很容易出问题的，这在国外的研究工作中也不乏先例。比如西班牙黎凡特崖壁画，步日耶曾根据在画面上辨认出来的犀牛图像，断定是属于旧石器时代晚期的作品，但后来被证明是错了。当然，这不能说明中国北方草原岩画的任何问题，但当笔者再仔细察看格尔敖包沟岩画中的鸵鸟的形象，觉得在这方面应该可以继续做更多的工作。

根据目前从亚洲获得的更新世艺术的资料，它们最明显的特点是，几乎都缺少自然形象的如实描写。也就是说，亚洲旧石器时代的艺术大部分是属于非具象的。所以，在寻找中国旧石器时代晚期的艺术时，除了具象的图形外，我们是否应该把更多的注意力放在抽象的图形上。

2. 贺兰山岩画中的鹿

根据岩画上动物的图形来断代，主要的问题在于岩画上有些动物图形过于概念化或者只有象征意义，很难确定为何种动物。因此，单以动物图案本身推断其年代是比较困难的。但有些特定的动物图案，可根据其他考古遗存上的类似图案来推测年代。这是个可行的断代方法。

鹿是欧亚大草原诸游牧民族艺术的主要题材之一。贺兰山岩画中就有很多鹿的图案，其中有一类鹿的形象刻画细致、特征鲜明。尽管其数量不多，但极富时代特点。这类鹿的身躯丰满，屈足，颜面修长，巨角贴背且分有很多枝杈（图三五）。在新疆的阿勒泰岩画和内蒙古的阴山岩画中也见有这种鹿的形象。而在蒙古国的岩画中则有更多的发现，且风格和表现手法与贺兰山岩画中的同类图形非常相似。

图三五　宁夏贺兰山龟头沟鹿群岩刻（拓本）

　　我们说，这种鹿图形极富时代特征，是因为它大量见于可断代的其他考古遗存中。蒙古境内分布有一种独特的石刻遗存——鹿石，迄今为止已发现五百多件。所谓鹿石是一种拟人像，即刻出人的轮廓，有的还刻有耳环、腰带，腰带上悬以兵器和工具，腰带上下多刻有鹿的形象。这种鹿的形象都是按固定的模式表现，同上述贺兰山岩画中的鹿图形非常相似。

关于鹿石的年代，可根据鹿石人像腰带上所刻的图案进行断代。蒙古境内发现的典型鹿石，其腰带常用两条平行刻线或宽带表示，平行线内侧往往刻有三角纹或菱形纹。腰带上坠有短剑、刀、战斧、弓形器、弓箭、磨刀石等兵器和工具，都是商周时期流行的器类。所以，考古学界认定鹿石的年代相当于商周时期。

鹿石上人像的头部以下刻有群鹿形象，同贺兰山岩画中的鹿图形非常相像。因为鹿石的年代可以确定，所以鹿石上刻画的鹿图形的年代也可以确定。由此所推断的贺兰山岩画中这类鹿图形的年代为青铜时代，也就有了充分的根据。

同样，根据年代明确的其他考古遗存中的类似图案判定，贺兰山岩画中双轮、单辕、有舆的车的岩画，也大体上属于这个时期[7]。

3．连云港岩画中人面像的头饰

江苏连云港将军崖岩画中的人面像，面形大小不等，底部均与植物相连，好像植物结出来的果实。面形中有穿插的斜线纹，个别的还有菱形装饰带，很像原始彩陶上的纹饰。

连云港将军崖岩刻人面像的头饰，具有较鲜明的时代特征。那尖圆顶饰物和三角形尖顶饰物，正是新石器时代人物画像的一个特点，和陕西半坡出土彩陶上的人面像头饰的风格非常相似。另外，将军崖岩刻人面像尖顶饰的边沿，有上下相对呈菱形的复线三角纹。这在山东日照两城镇出土的龙山文化陶器，以及大汶口文化的彩陶背壶、彩陶罐上也都可以看到。在距将军崖仅2公里的二涧村新石器时代遗址出土的陶鼎口沿外印有凸起的纹饰一圈，也是由复线三角纹组成。发掘时所获的陶片，也都是这种纹样。另外，岩刻人面像的网状头饰是当地新石器时代文化中常见的纹饰，如大汶口文化的彩陶杯、彩陶罐、彩陶壶等，都饰有这种网状纹。大汶口文化距今约五六千年。这些相同的装饰纹样，对探讨连云港将军崖岩刻的年代有重要的意义[8]。

此外，连云港岩画人面像下面的植物纹，与浙江余姚河姆渡遗址中出土的陶钵上的植物纹相似。其距今已有七千年。比较其二者，再对岩画附近出土的新石器时代的遗物等情况作分析，岩画的制作时间应为新石器时代。

4．宝镜湾岩画旁边的遗址

宝镜湾岩画位于珠海市高栏岛的西南部，依山面海，背后是山崖丛树，前面是海水沙滩。1989年发现宝镜湾藏宝洞岩画时，在岩画下面的堆积层里出土了夹砂陶片，并在周围发现遗址。经初步发掘，遗址被认为属新石器时代晚期。

时隔十年，1998年又对宝镜湾岩画旁边的遗址进行了三次正式发掘。

第一次正式发掘始于1998年1月5日，共挖了八个探方，分布在岩画附近的山坡上，发掘面积达131平方米。这次出土了包括陶器、石器、玉器及水晶等大量文物。其中出土的石网坠多达240件，说明先民们曾从事捕捞作业。出土的石锚则说明先民们已勇敢地走向海洋。这与高栏岛岩画反映的内容是一致的。

更大规模的发掘在12月1日正式开始。这次打了十八个探方，发掘面积为300平方米。在这次出土的大量文物中，有一对被认为是国内新石器时代晚期最精美、完整的水晶玦。出土的大量玉石器、制玉工具、半成品及石料，证明了这里一度曾是个大型的玉石器手工业作坊，并说明当时的先民们已经有相当高的工艺水平，完全有能力制作高栏岛藏宝洞这样大型的岩刻。最令考古队员欣喜若狂的是，大批陶片上印刻的波浪纹、回旋纹、云雷纹、圈点纹、戳印纹等纹饰，与宝镜湾藏宝洞岩画有很多相似之处。

经测定，遗址的年代为距今 3460 ± 170 年[9]。遗址年代与岩画的年代应该是同时的。因为在岩画的周围只有这一时期有人定居，而在当时的条件下凿出这样大幅的岩画需要相当长的时间。同时，在遗址中发现的印纹和刻纹陶片，其图形与岩画有着相同的风格。1989 年宝镜湾藏宝洞岩画发现时曾初步鉴定为青铜器时代，但到现在为止，仍未能在遗址中发现青铜工具或青铜范等有力的证据。

5．花山崖壁画上的钟乳石

左江流域崖壁画是用赭色颜料涂绘于石灰岩峭壁之上。在广西地区高温多雨、植被繁茂的自然环境中，崖壁上悬挂着不少碳酸钙类沉积物，俗称"钟乳石"。有的画面绘于钟乳石之上，有的画面则被它们所覆盖。这些钟乳石沉积物与画面层次分明，和考古学及地质学上的地层叠压关系相当，可以用来作为碳十四法、不平衡铀系法、电子自旋共振等方法的测年样品。

北京大学考古系年代测定实验室原思训等，1985 年和1986 年曾在花山采集了被画像所压叠或覆盖在画像之上的石钟乳，进行过碳十四年代测定。用自然科学手段测定崖壁画的年代，目前仍然是一个尚待解决的难题。他们的这次探索对中国其他岩画点年代的测定有一定的参考意义。

钟乳石类样品不是理想的碳十四测定年代的物质，因为沉积时"死碳"的加入，使样品的年代复杂化了。他们采集一个正在生长的钟乳石，测定其受"死碳"干扰的程度，据以对其他样品进行校正。在分析结果得到作画年代时，还作了同位素分馏、树轮及沉积时间校正。综合以上分析，从现有测量数据可以认定，广西左江流域宁明花山崖壁画的作画时间在公元前420年至公元前165年左右，即战国至西汉时期。但是考虑到测定的样品数量有限，各种校正项的年代误差，以及测量误差和数据处理过程中的误差转移等因素，不排除作画年代的上限可扩展到春秋晚期，下限延伸至东汉的可能性。

（三）抽象符号之谜

在中国岩画艺术中，最具有某种诱惑力、神秘性的是那些由几何线条组成的各种符号图式。符号图式几乎分布于中国每一个岩画点。

1. 抽象符号的寓意

（1）贵州开阳画马崖岩画上的符号

贵州开阳画马崖岩画中的种种怪异的符号，似乎要包藏起一个永久的秘密，要想完全破译，看起来几乎是不可能的。

画马崖的符号不算太多，主要有十几种（图三六）。这些符号代表什么？象征什么？到目前为止仍没有令人满意的答案。圆圈和带芒状形的圆圈，可以被认为代表天体（太阳、星星、月亮），也可以认为是表示铜鼓，或许两者都有可能，具体则要根据其所绘制的位置，以及和周围物象的配合情况而定。

画马崖另有一种十字形符号，也常见于中国远古时代的遗物中，如新石器时代的青海马厂型、半山型陶器纹饰，殷商的铜镜纹，汉日光铜镜纹和秦汉瓦当图案。在四川珙县、云南沧源、广西花山崖壁画中也有十字图形，国内学者考证是太阳神的象征，并从日神符号推断出华夏民族的祖先曾是崇拜太阳的民族。

　　画马崖还有一种圆点符号，被认为是计数符号。同样的符

图三六　贵州开阳县画马崖岩画（摹绘）

号也见于贵州长顺县傅家院的岩壁画中。有的学者认为它在画中象征着马匹、铜鼓繁多之意。

如果画马崖岩画是叙述一个完整的事件，那么只对这批符号中的个体进行解释，恐怕很难解开其中之谜，因为每一个符号必然是在画幅的整体中体现某种意义的。因此，对这些符号的破译，只有在完全读懂岩画的基础上才有可能。可惜我们今天看到的画面并不完整，这就更增加了释读的困难。

（2）新疆岩画中的印记

在全国各地岩画点的符号图形中，有一种是属于印记的。从阿尔泰山、天山到昆仑山、喀喇昆仑山的辽阔牧区的岩石上都刻有印记，有的和人物、牲畜的岩画刻在一起，有的则在岩石上单独刻凿。如木垒哈萨克自治县芦塘沟、鸡心梁的几块岩石上刻的全部都是印记，数量为十个至十六个不等。在古代，形成氏族部落集团后，凡是其游牧的区域就一定要刻上印记加以标识。一个部落常包括好几个氏族，各氏族也都有自己的印记。另外，由于部落、氏族的迁徙，也会出现不同的印记。因此，有的地区有好几个不同的印记凿刻于同一块石头上，表示许多氏族或部落在这一地区内游牧。尽管有些印记在以后被回纥人、突厥人、哈萨克人等采用为字母，但那是以后才发展形成的。在此时，它们是氏族或部落的印记，不是文字。

在哈巴河县沙尔布拉克汤巴勒塔斯的一块岩石上则凿刻了一些印记，上面还特别刻了一个持弓带箭的人，十分形象地说明这里是该氏族或部落集团游牧的地区。

全国各地的印记很多，或许可以说凡有岩画的地方都有印记。前面曾提到东南沿海岛屿上的岩画可能是先民们出海前留下的印记。在悠悠几千年的岁月中，许多印记岩石现在已经找不到了。

在各地岩画点许多抽象的符号中，要区别出某个部落的印记，并非易事。苏北海曾对新疆各族的印记做过深入的研究。他认为，现在生活在新疆的哈萨克、蒙古、柯尔克孜、塔吉克等游牧民族或多或少都还有印记存在。他调查到的印记以哈萨克族存留最多，达六十九种[10]。

2．符号世界与艺术王国

或许可以说，人在本质上也是"符号的动物"。人之所以区别于动物，其一就在于会创造符号，并能通过符号来进行交际，以沟通人与人之间的各种意绪、情感、思想、观念等等。对于动物来说，只有一个世界，就是实在世界。而人除此之外，还有一个符号世界。对于原始人来讲，符号世界往往也是一个艺术王国。

这一点很重要，符号世界往往也是一个艺术王国。符号世界从艺术形象的角度来说是一个抽象的世界。这是指艺术形象大幅度偏离或完全抛弃自然对象的外观，抽象的艺术形象与自然对象较少或完全没有相似之处。岩画中出现的各种抽象的符号和图案，简单的只是坑坑凹凹的圆点或弯弯曲曲的线条，有的是正方形或星形；复杂一点的，如圆螺形、方螺形、同心圆、菱形纹、旋涡纹、曲线纹等等。它们或是对自然物象的外观加以提炼和重新组合；或是完全舍弃自然对象，为一种纯粹的形式构成。然而，这些都是装饰的纹样，也是艺术的纹样，到现在仍为装饰图案所采用。

中国各地的岩画点中的抽象符号，有的是为了说明和配合周围的图形，其本身则非图形，只是以抽象的方法表达某种意思，或记录某些事件，有的可能还有着更为复杂的内容。也有一种是以动物或神人同形的形象变化组合的图案，我们现在已经很难辨认出它们的现实来源，但其本身有着独立的含义，并不仅仅只是配合图形以说明某种意义。抽象的图形有它的象征的意义，但是，人们往往忽略了那些具象的图形有的也包含着符号的意义，隐喻着某种神秘的观念。从这一意义上说，在岩画艺术中既有抽象的符号，也有具象的符号。

　　所以，在岩画以及其他原始艺术中，所表现的大量的抽象符号和具象图形的主题，都为史前学的研究提供了可贵的信息。在中国各地新石器时代出土的陶器上已发现多种符号，如西安半坡仰韶文化和山东大汶口文化遗址的彩陶上面都有记事符号，但意义至今未明。岩画的符号较之陶器更为丰富，当然也更值得研究。它似乎是反映人类思维的一种手段，也为理解岩画艺术开辟了一条新的途径（图三七）。

图三七　新疆且末县昆仑山岩刻

3.岩画符号的三种类型

有三种明显的符号类型到处存在。①图画型，这些是可以辨认的某些现实形象，即动物或人物。②表意型，表现为符号或一组相互关联的符号，如圆圈、箭形、树枝形、棒形、树形、十字形、蘑菇形、星形、蛇形、唇形、之字形图样，男性或女性的生殖器等等。它们的意义，在于传达当时人们所了解的观念。③情感型（无意识型），看起来既不是表现实际的事物，也不是描绘符号。它们的出现是一种狂热的精力的发泄，可能是为了表现生与死的感觉，爱与憎的狂热，但也可以理解为表现某种征兆，或别的很敏锐的知觉。

早期猎人的图画型的岩画艺术，表现各种普通的动物，如坦桑尼亚岩画中的大象和长颈鹿，西欧岩画中的野牛和马。表意型在许多情况下并非表现具体的物象，而只是一种图案或符号。种种研究表明，图画型的画面往往与表意型的符号结合在一起。通常的意见是它们基于共同的逻辑，并构成象形文字的基础。从某些岩画看，的确已经组成了这样一种系统，即图画与表意结合在一起。它们的合乎逻辑的发展是必然导致文字的产生，而这在四万年前就已经开始了。

（1）呼图壁岩刻中的对马符号

图画型符号的例子之一，是新疆呼图壁县雀儿沟乡康家石门子岩刻中的对马图。

在裸女们热烈的舞蹈场面中，格外引起人们注意的是两组对马图。呼图壁岩刻的最上层，即画面的主体部分，表现了九名高大的裸女，围绕着两组对马图翩翩起舞。左边一组为一对雄马，右边一组为一对雌马，左右相对。右侧的一组对马，通体涂朱，头部、前腿、后腿彼此相接，形成一封闭的图案。马的颈部弯曲如弓，躯体细瘦，形若骏马。左侧的一组未填朱，形体特征基本同前，只是突出地表现了雄性生殖器，前、后腿也彼此相接。这是两组严格对称且造型优美的图案，表现了人们对马的崇拜。这两组对马，也是两组图画型的符号，对其意义人们不能仅仅从马的角度来理解。

或许，这"对马图"是解释康家石门子岩刻的一把钥匙。与全幅岩刻风格相比，这两幅对马图已经图案化，成为一组符号了，而且镌刻在岩刻最高且非常显要的地方，这样处理是不会没有特殊的含义的。

有人认为这些裸女是在进行祭祀活动，其舞蹈可能是表示对丰产女神的崇拜，或许那丰产女神也在她们中间。至于对马，则是献给女神的牺牲。

更多的人则认为"对马图"是祭祀的对象，而不是祭祀的牺牲。有人把康家石门子的这幅岩刻命名为"马祀舞"，就是这个意思。有人认为这是图腾崇拜的产物，而舞蹈画面正反映了新疆先民崇奉马祖，并曾有过通过马祀以寻求人口增殖的原始信仰。

康家石门子是天山中水草最好的地区之一，也是产马最多的地区之一。先民们对马极为重视，并把马看作自己的图腾而加以崇拜。岩刻上层的两幅对马图，正是这个氏族图腾崇拜的标志。其中一幅对马图还突出表现了雄性生殖器。总之，在这里对马是被作为祭祀的对象的。

人们还可以从古籍里找到许多证明。《诗经·小雅·吉日》记："吉日维戊，既伯既祷。"毛亨注："伯，马祖也。重物慎微，将用马力，必先为之祷其祖。"《尔雅·释天》说："既伯既祷，马祭也。"《周礼·校人》云："春祭马祖。"《说卦》载：

"乾为天，为父，为良马，为老马。坤为地，为母，为子母牛。"从这些记载看，马是最常见的男性象征物。结合这幅岩刻中的裸女舞蹈、男女交媾等画面来观察，就容易理解对马是图画型的符号，是象征男性的符号，所以要刻在画面中最显要的位置。

（2）十字纹样的意义

十字纹样是一种表意型的符号。在全国各地的岩画点中，到处可以看到十字符号。这与新石器时代陶器的装饰图案中常见到的十字符号的图形是一样的。这些陶器的年代距今已有六七千年了。

十字纹样是新疆古代岩画中出现最多的一个符号。如木垒县鸡心梁一块岩石上则凿刻的十六个符号中，有八个是十字符号。木垒县芦塘沟的几块凿刻符号的岩石，也是突出了十字符号。富蕴县杜热乡迦尔肯一块岩石上凿刻有两只北山羊和两个粗大的十字符号。

四川珙县岩画中，也多次出现手持"十"字，站立在太阳之下的巫师形象。其中一幅一人手执双"十"字，头上有光芒，可能是一个太阳神人格化的图形。

十字符号也发现于世界各地远古时代的文化遗物中。有的学者认为这种十字符号在开始时只表示太阳照射的四个主要方位，后来则变成了发光体的符号，并且由此必然地演变成统治上天的至上神的符号。这种情况在迦勒底人、印度人、希腊人、波斯人，可能还包括高卢人和美洲的远古居民那里，都可以看到[11]。这种符号的独特之处，在于它的表象超越时间、地域、文化与个体而广泛存在，成为人类成员共有意识的一部分。

从中国的资料看，自新石器时代的陶器以至商、周、秦、汉的青铜器上的十字纹样，其含义如果不是全部的话，肯定也有相当一部分，是描写太阳的图形。后来，有的则转变为部落的印记，如迄今哈萨克族克烈部落的印记就是十字符号。

（3）圆圈纹样的意义

圆形符号也是一种在岩画点中较常见的图形，具有跨文化的性质，也是一个表意型的符号。

西方符号学家威尔赖特认为，在伟大的原型性象征中，最富于哲学意义的也许就是圆圈。从最初有记载的时代起，圆圈就普遍被认为是完美的形象。这可能是由于其简单的形式完整性，即在圆圈中开端和结尾是一致的[12]。

有的国外学者也把圆圈解释为，人类对秩序与和谐的一种最原始的冲动和渴求。比较实在的解释是它代表太阳，是太阳的象征符号。在中国最早的象形文字中，太阳就是用圆圈表示的。距今五千至八千年前的山东陵阳河文化遗址中发现的陶文，前人对其中两个字图形的涵义曾做过许多猜测。其一于省吾释为"旦"字。有人认为这是东海之滨的古代先民对日出的描写。而这里的太阳正是用一个圆圈来表示的，其文化理念则是表示对太阳神的崇拜。

在全国各地的岩画点，大都可以找到以圆圈来表示太阳的图形。新疆阿尔泰山、天山、巴尔鲁克山、昆仑山等处岩画中，圆圈的图形大都象征太阳，象征着对太阳的崇拜。内蒙古磴口县格尔敖包沟畔的崖石上，刻有一个站立的人物。其双手合十，正礼拜头顶上方一个圆圈图形。这圆圈表示太阳，即是至高无上、无所不知、无所不能的太阳神。

（4）同心圆的启示

表意型的岩画，系用符号来表达某种意思。而符号的使用又与当时的理念有关，约定俗成，这样才能为当时的社会理解和接受。例如同心圆符号，它的分布范围很广，内蒙古乌兰察布草原上的动物蹄印岩画中间夹有同心圆，新疆阿勒泰地区的洞穴岩画中，也有类似的精致的图形。此外，同心圆符号在阴山、桌子山、贺兰山、连云港等地岩画中也有出现，其中以贺兰山的较为精美。

最精美的同心圆图形是在台湾万山岩雕中。在孤巴察娥的岩画点竟镌刻有一个十一重的同心圆，曲线细密而又规整。其左侧又刻有一大一小的两个人面像，大的头上饰以芒刺状的短线，与北方的太阳神人面像岩画的形式一致（图三八）。

岩画中的同心圆，和作为太阳或神祇的人面像岩画同时出现，有理由认为它是一种关于天体的示意，很可能与古人认为天有多重的观念有关[13]。

用一种抽象的符号来表达某种意思，或用写实的图形与符号配合起来表达某种意思，这是岩画中常见的方式，在早期汉字中也经常使用。

岩画的符号往往隐喻着深刻的内涵，在某种程度上类似于我们今天的语言。某些几何线条组成的符号，可能具有文字的意义，或许就是文字的雏形。中国岩画与文字有着特别密切的关系。一方面岩画中写实性的图形，后来往往成为中国象形文字的来源；另一方面岩画中的抽象符号，也往往为后来的文字所借鉴。这些符号，或者是原始的记事，或者是配合画面说明某一事件，或衬托某种神圣的图形，以及隐喻某种观念等等。

4. 一个普通的概念基础

关于图画与表意的结合是有很多事情要说的。一幅画面所要表达的东西是有限的，要想通过它来充分了解每一件事是很

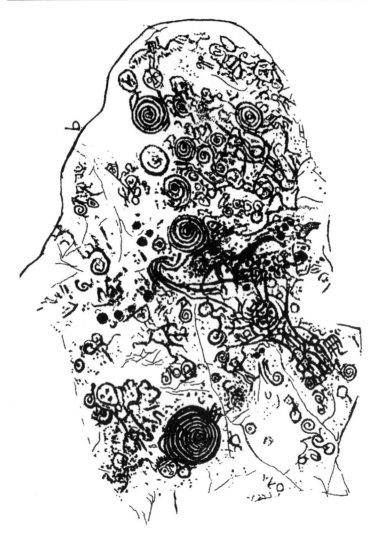

图三八　台湾高雄县茂林乡万山孤巴察娥岩刻（摹绘）

困难的。例如，在欧洲文艺复兴时期的绘画中，鸽子是一种特殊的鸟类，所以解释一只鸽子在画面上的全部意义，仅仅把它作为一只鸟是远远不够的。同样的，毕加索的和平鸽的内涵也远远超出一只鸽子的意义，艺术家已经赋予图画以一种观念。地中海的橄榄枝也是如此。

史前的图画型作品，常常与表意型结合在一起才能表达出一个完整的观念。但是，由于种种原因及年代久远，这种象形与表意结合的真正意义，我们现在已经不清楚了，只有通过学者们收集更多的材料，进行更深入的观察和研究，才有可能揭开这个谜底。

或许，在许多岩画点都存在着一种最早的文字形式，这就是图画型和表意型岩画使用符号传达的思想。从作者到读者，从描绘真实或想象的图形的画家，到接受这些信息的普通观众，要有一个约定俗成的、普通的概念。研究揭示出，在岩画中有一些经常出现的图形，不管在哪个大陆都存在。诸如一定范围的经常出现的主题，用相同的方法去组织不同的因素，相同的逻辑性，反复出现的符号性的表意图形。特别是那些组合的方式，即所谓"文法"，不管是图画型、表意型、感情型的都是如此。更有甚者，它们的创作可能有着相同的结构基础，相同的概念上的动力。

（1）西藏岩画中的丰产符号

图画与表意的结合，在西藏岩画中可以找到许多例子。西藏岩画多处出现这样的画面，其由一组程式化的符号组成，中央往往是一枝状符号。主枝向上，两侧有若干分枝，有的分枝末端还有点状的植物果实。在枝状植物的上方一般是日月图像，或在日月图像旁边还有类似山字形的符号。这一组程式化的图形是西藏岩画中的丰产符号（图三九）。

1

2

3

图三九　西藏岩画中的丰产符号（摹绘）

扎西岛岩画点的第 5 号地点，有一幅大场面的岩画，共画了四十余个图形，以人物和动物为最多，也有吊字形符号和枝状符号。这种枝状符号在扎西岛发现多处，且大都画在显著的位置，图形亦较大。

嘉林山岩画点也发现多处这种枝状符号，亦与日月图形相伴出现。有一幅正中是一个太阳及枝状符号，旁边则有人物、牦牛等图形。另一幅画面较复杂。左侧为一月亮，月亮右边有一枝状符号，其上为太阳。再右边又是一枝状符号，上方有一太阳，旁边有一月亮，两侧各有一吊字形符号。

日土县多玛区的恰克桑（曲嘎尔羌）岩画中的一幅作品有着此类岩画中最为典型和完整的构图。它是由红色颜料绘制的。画面的正中绘一枝状符号，两侧绘有小圆点代表果实，上端左侧绘有日月符号，在左右侧及下端绘有四个太阳，充分表达了对太阳寄予的殷切之情。这幅作品构图完整而且含义明确。它表明，当时的人们将植物的生长同日月等自然现象联系在一起，祈求自然界的阳光、雨露保障植物（如牧草等）得以生长。这是与"丰产巫术"或"祈求巫术"有关的画面。正是这种意识，促使人们通过符号这一特殊的表现方式，将自己的希望记录在永恒的岩石上。

（四）中国岩画与中国文字

对于中国文字的起源，诸多学者做过不少有益的探讨，但对文字的产生与岩画的关系却有待进一步的研究。

文字是语言的表象，是经过漫长的时间孕育才逐步地发展形成的，而且还处在不断地发展过程之中。但在文字出现之前，岩画就在全世界范围内出现了，那么是否可以说岩画首先作为语言的表象而被原始人普遍运用了呢？随着历史的发展，岩画逐渐湮灭，而文字却得到充分地发展。这其中的原因究竟是什么？

1．岩画的出现

在世界范围内，岩画的出现约在四五万年前。根据有关资料分析，中国岩画可能会有万年的历史。

人类的生活不能离开交流。人们在生产中获得的知识和施行的巫术，以及成功与失败、经验与教训都要互相交流，也要让子孙们继承下去。只靠口头的传达和示范，要受到时空的限制。最早的岩画可能是先民们从阳光照射到洞穴岩壁上的影子中而获得了灵感，于是依样描摹。一经描绘出来，即得到了众人的认同。这不仅鼓励了作者，也启发了其他的人，于是逐渐推广开来。岩画的出现为当时的人们提供了极有利的交流工具。

岩画的图形是用绘画的艺术手段展示出来的。但是，这种类型的图画，并不是现代人以纯粹审美为目的的绘画艺术。原始人作画的最初目的，并非主要为了欣赏，而是用以表达某种严肃的主题和意义，所刻绘的图像主要是出于某种实用的功利目的。它是用画来补充语言的不足，以作为一种交流的工具，为的是将所要表达的内容显著而长久地固定于高耸的崖壁之上。它为的是达意，这就与语言相联系，但其采用的又是图画的表现方式。

这里可以看出岩画的性质。从实质讲来，它是一种以图形来记事的符号或施行巫术的图形。其中具有记事功能的岩画，对中国象形字的产生起了很重要的作用。虽然这种具有记事性质的图画还未进入文字的范畴，但它已经是古文字的母体。

中国汉字起源于图画的主张，现在已为多数学者所接受。图画属于艺术的范畴。它是用艺术的形式认识客观现实的一种手段，并以图画的形式来进行交流。文字则与本民族的语言密切结合，是辅助语言的一种交际工具。它们属于两个不同的范畴。我们说文字起源于原始图画，但图画并不是文字。

文字是记录语言的书写符号，是书面语言的构件。能否迅速准确地记录、反映语言，是衡量该文字先进与落后的重要标准。从这一点来说，岩画同语言的关系较远。虽然岩画绘制者肯定能用语言将所绘图形表述出来，但这种表述图形的语言是不能与图形一一对应的。由此可以看出，人类最早的记录符号不是记录语言的，而是记录事件、物体、思想观念等。结绳记事、刻木记事是最为原始的记事符号。岩画的出现，是以图画形式的记事方式进行交流。这是人类记事史、交流史上的一大飞跃。这种图画符号的产生具有划时代的意义。

2. 最早的汉字

据目前所见有关汉字的最早资料分析，汉字是从原始图画发展来的。过去唐兰在《古文字学导论》中，曾经提出"文字的起源是图画"的主张，现在已被多数学者所接受。图画属于艺术的范畴，虽然形象逼真，但画起来则要费时、费工，更何况并不是每个人都有一双能画、能刻的灵巧的手。于是，人们要寻求更加快捷的表达方式，尝试把形体简化并带有符号性，同时又能与语言相结合的文字。

仰韶文化以后，分布在山东中部丘陵地带和徐淮平原等地区的大汶口文化，开始出现了较为原始的汉字形体。在属于大汶口文化晚期的莒县陵阳河遗址出土的灰陶缸上，发现有四个同早期汉字结构相似的图画符号（图四○）。其中两个同于象

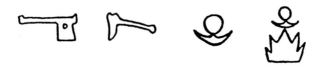

图四〇 山东莒县陵阳河遗址出土陶器上所刻的符号

形字，其他两个同于会意字，并且单独刻在陶器的口沿附近。它们虽然像是图画，但和文字有密切的关系，与早期汉字属于同一体系[14]。

分析这四个图画符号可知，它们具有与汉字完全相同的特点。第一、二个图形是按照当时两种实用的器物描绘而成，而这两个图形我们在岩画中都可以看到。如在宁夏的贺兰山贺兰口岩画点中，可看到与第一个图形完全相同的图形。其形似斧，大约是当时的一种利器，故此刻凿在山崖上以期不朽。这种图画符号是汉字中最早出现的一种结构——象形字。与早期的甲骨文相比较，第一字同甲骨文中的"戉"字相近，第二字同"斤"字相近。第三、四字，是由两个以上的物体符号组合而成的"会意字"。第三字可释为"旦"，第四字于省吾释作"日出"。他说，这个原始的字也是一个会意字，写成楷书则作"昌"。类似这两种结构的字体，在商代的甲骨文和金文中还保存很多，尤其是铜器铭文中一些代表族名的徽号文字则更加接近。

3. 甲骨文的发现

甲骨文是在安阳出土的殷代文字。殷亡国后，首都成为废墟，后人称为"殷墟"，所以，甲骨文又称"殷墟书契"或"殷契"。此外，甲骨文是殷人进行占卜的文字记录，故此还被称作"殷代贞卜文字"，简称"卜辞"。因甲文是契刻于龟甲上的文字，骨文是刻在牛胛骨或鹿头骨上的文字，故合称为"龟甲兽骨文字"，简称"甲骨文"。因文字系用金属工具锲刻而成，又称为"契文"。

甲骨文自发现至今已有一百年的历史。自 1928 年开始，先后出土甲骨十万余片。据《甲骨文编》载，发现单字 4500 个左右，而被识出的字仅 1500 个左右。甲骨文是中国目前发展最早的一种成熟文字，距今已有三千多年的历史。

无论岩画还是甲骨文，都要求表达准确而扼要。所以象形文字的创造们，必须仔细观察事物的特征，以辨清相似物体之间的异同。古人称仓颉是"仰视奎星圜曲之势，俯察鱼文鸟羽、山川指掌，而创文字"，说的正是这个意思。而这一点也正是岩画作者们所要具备的艺术能力。

中国汉字的构成需要有两个相反的要素，即书写上的简便和刻划上的准确。中国古老的象形文字，在其发展过程中，为方便使用而逐渐符号化，有意思的是中国的岩画也出现类似的情况。昆仑山岩画中的各种符号，许多和古代突厥文（约公元 7 世纪时的一种少数民族古文字）有共同之处。关于突厥文的起源问题，至今仍无一种令人信服的说法。昆仑山和新疆各地发现的许多文字符号标记，很可能就是古突厥文的前身。在阴山北边的乌兰察布草原，我们发现那里的岩画有较多的符号，很像突厥文。这些符号非常线条化，可能是依照某种物象或观念高度概括而成。有意思的是，这些文字符号非常接近突厥时期的岩画。

（1）关于动物的象形字

商代的甲骨文和金文中保存有许多比较原始的字体，这里

	虎	鹿	马	犬	象
甲骨文					
铜器铭文					

	豕	鸟	鱼	万	黾
甲骨文					
铜器铭文					

图四一　甲骨文、金文中关于动物的象形字

仅以作为动物名称的一类汉字为例。他们完全按照各种动物形象描绘而成，与原始图画没有很大区别。

图四二　"马"字的演变

1. 金文　2、3、4. 甲骨文　5、6. 大篆　7、8、9. 小篆　10. 楷书

　　甲骨文和金文中不少字，如鹿、虎、马、犬、象、兔等，都直接从动物的形象中得来，是最典型的象形字。在岩画中能找到很多类似的动物画，因为只要是象形地写，或如实地画，总归是相似的。这源于对象和方法的一致（图四一、四二）。

　　甲骨文对于动物的描绘，其表现手法与岩画极为相似。通常是表现全身，呈直立状，四足只画出两足，如人们在侧面所看到的一样。作者把刻划的重点，放在夸张其最具有特征性的部位上，如鹿的角很长又多杈，腿和蹄微向后弯；马有长脸和长鬃，尾巴下垂；老虎的嘴很大，露着利齿，长长的尾巴在身后拖着；猪和狗的形状相似，但猪的身体肥胖，尾巴细短，背部隆起，而狗则背部下凹，尾巴向上翘起。

鸟的形象在甲骨文和岩画中皆不多见。甲骨文中的"鸟"字和"鸣"字，鸟嘴张得很大，冠很高，侧面而立，只画了一只脚。凤凰是神鸟，在甲骨文中，是根据野鸡和孔雀的造型而创造出来的，长长的羽毛，美丽的外形，神态自若。

（2）关于事物的象形字

凡自然界具有一定形状的物体，例如人和其他一切动植物，乃至日常生产和生活中的用具，早期汉字皆是采用这种照物绘形的方法进行创造的。所以，早期的汉字（甲骨文）与岩画也最为接近。〇和⊙这样的图形，在中国南北各地的岩画中都有出现。与甲骨文中的⊙一样，它们的意思都是太阳。阴山岩画中的 ☾ 图形，也就是甲骨文中的新月的意思。还有岩画中 这样的图形是表示弓箭，与汉字的"弓"字完全一致。汉字中的"田"字，是土地之意，岩画中也有类似的符号。甲骨文中的、、是"车"字，岩画中这样的图形同样存在。岩画中有 |、||、|||、|||| 的图形，与早期汉字数字中的"一"、"二"、"三"、"四"相同。

在商周甲骨文、金文比较古老的象形字中，有些文字的外观与岩画没有太大区别，但用途却大相径庭。文字是代表语言中词的成分出现，不单是一个孤立的图像。重要的是，它既包涵了客观事物的一定意义，同时具备因客观事物所规定的读音。这样的象形字，在商周时代的甲骨文、金文中占很大的比例。

（3）与水有关的几个甲骨文字

象形字既然是仿照图画的形式，按照事物的形体绘制相应的图形。这一特点就决定了单靠象形的方法创造汉字，不可能满足记录汉语的需要。尤其是那些代表抽象概念，只有语法意义而没有词汇意义的虚词。就以表示人的某种活动的字来说，最初是采用几个与其内容有关的象形符号，相互组成一种体现新词意义的象征性动作。这就是所谓"象意字"，也叫"会意字"。与水有关的几个甲骨文字就是如此。

甲骨文关于用水的字很多，说明古人用水是很讲究的（图

图四三 与水有关的几个甲骨文字

四三）。早晨醒来就要洗脸漱口，图中有甲骨文"沫"字，好像一人蓬发垢面，跪在"皿"（洗盆）前洗涤。"沫"字本意就是洗面。甲骨文、金文中的"盥"字，像双手（臼）接水，下有盘皿形。

古代不仅成人讲卫生，就连刚出生的婴儿也不例外。图中有甲骨文"孟"字，像子（婴儿）在盆中水洗的情景。后来，

在周代金文里，才变成"盂"的形状。婴儿离开娘胎的第一件事，就是洗去身上沾着的羊水，所以后来的"盂"字有"始"的意思。

我们虽无法考证商代是否已有游泳运动，但从图中甲骨文的"汓"（音囚）字，可以想象人们到河塘湖泊里进行"浮行水上"的活动。

在原始社会，人们也要洗脸、洗发，梳妆打扮。因没有镜子，就用陶盆盛满清水以照面。这就是甲骨文"监"（鉴）字的由来。后来，陶盆被铜盆代替，有的变成澡盆。另外，还有一个甲骨文，像人站于盆中沐浴[15]。

根据现有的古文字资料分析，一种会意字完全以象形为基础，以图形的组合来反映某些词义的具体特征，使人看到字的形体，即可联想到语言中的某些词。尤其是古代，字形的结构往往同当时的实际生活密切相连，通过字形很容易联想到词义。除了上面与水有关的几个字外，再如"执"字，甲骨文写作"钹"，作人被枷梏之形；飨字写作"㸚"，为两人对坐共宴之形等。

（4）与足有关的几个甲骨文字

单纯利用绘制物形的方法创造文字，只能是在汉字开始产生的最初阶段。按照本来的形体绘出相应的图形即可成字，这就是名词类的汉字。但是要表达完整概念的语言，只有名词是远远不够的。如表示人和人、人和物、物和物彼此之间各种复杂的关系，还需有动词、副词、形容词等各类词汇，实词之外还需要有一定的虚词，而这些词汇所要求的文字比单纯描绘物形复杂得多。

代表人进行活动的符号，再和某一具体物的象形符号组合成一个象征性的字体。如表示人的行动，一般采用"止"这样一个代表人足的象形符号，和一个代表某种自然环境的象形符号，共同组成一个具有行动意义的会意字。在古文字中，人足的象形字写作"𡳿"，即现在"止"字。如双止相移，则为步字；双止登山，则为陟字；双止下山，则为降字；双止渡水，则为涉字；止立船首，则为三（前）字；人下移止，则为走字。

不仅动词之类的汉字如此，其他用象形的方法难以表示意义的词类，早期皆采用会意的方法创造。例如日出为旦，日入林为莫（暮），月出为朏，洪水之日为昔，日月为明[16]。

4．书画同源

古人说："书画同源。"汉字起源于图画。在中国新石器时代仰韶文化的陶器上，常常绘以各种图案花纹，其中有人物和鸟、兽、鱼、蛇等动物形象，线条刚劲有力，色彩也谐调美观。这些图画在当时多是作为艺术装饰的形式出现的，旨在增强陶器的美感，但也为后来汉字象形字的起源创造了良好条件。

根据前面的分析，我们有理由认为，中国最古老的文字与岩画同出一源。其创造的方法是相同的，有的字形与岩画相似，有的字形与岩画完全相同。中国的汉字起源于岩画，或基本起源于目前在中国广大地区发现的岩画。可以说，岩画就是中国象形文字之父母。

（1）文字的父母

这里有几个有趣的例子。在内蒙古阴山岩画旁边，我们发现有西夏文的题记："文字的父母"。具体的位置是在磴口县和乌拉特后旗相毗邻的包头格沟的西山顶上。此处山峰林立，怪石遍地。在一面峭壁上凿刻着两匹相背而立的马，右侧的马背上附有三个柱状物，左上角题有西夏文一行，翻译成汉文就是"文字的父母"。左侧那匹马背上又有二字，意即"父母"。与此相似，在宁夏贺兰山的贺兰口岩画点，也发现有在岩画边刻的西夏文题记，意为"文字神文字"。这些铭文或题记绝好地证明了中国的象形文字是由远古的岩画衍变而来的。

象形字是根据个体实物绘制的图形，是汉字的骨干，其他结构的汉字，皆由其组成，故古代的文字学家将它称作"文"。利用各个象形符号，或据其形，或据其音，通过种种技巧拼制成意义更加繁复的复体字，这就是"会意字"和"形声字"。古人将这种拼合而成的形体称为"字"，字即子的意思。"文字"一词的来源，即本于这种关系。这就说明，象形字在汉字中是最早出现的。最初是采用绘画的手法，按照物体描绘而成，开始出现就是完整的图形，既无点划的姿态，也不受笔划的限制。这在商周时期的甲骨文、金文中可找到充分的证据。

在中国，由图画衍变成的汉字，已有四五千年的历史了。其使用人数之多，流行地域之广，已超过整个欧洲大陆。虽经历了几千年的发展，但基本结构依然保持着与图画同源的痕迹。

汉字是一种象形文字，由各种基本图形组成。可以说，汉字是"拼形"，而不是"拼音"。这些基本结构绝大多数都是由古代岩画中的基本图形衍变而成的。这种基本图形有的后来即成为一个单独的汉字。

（2）"皇"字与岩画中的太阳神

有一种有光芒的人面像，有人认为是太阳神的象征。它广泛地见于国内各地的岩画中。

值得注意的是，这种太阳神的形象与甲骨文、金文中的"皇"字和"昊"字极为相似。而"皇"、"昊"二字，在中国古代正是太阳神的尊号。王国维说：皇字，金文像日光放射之形。张舜徽说："皇，煌也，谓日出土上光芒四射也"（《郑学丛著》）。

"昊"字，从日从天。"天"、"大"二字在古文字中常通用，而"大"与"人"在古代又是同字[17]。在中外的古代岩画中，许多人形都画成"大"字的形象。"昊"字的字形则是头上顶着太阳的大人（即太阳神）。从字义看，"昊者，明也"。中国古代的太阳神有许多名称，其中之一即为"大昊"[18]。

人面像岩画中，有着众多的有关"皇"字的原始象形。"皇"字应是头戴太阳光冠的人或王者。"皇"字上部是半圆形的，与人面像岩画中大量的带有太阳芒刺的岩画非常相似。"皇"字圆中的"－"，可视作抽象的人面五官。头上是光芒四射的光环，即太阳形，其下是甲骨文的王字，合起来与太阳神人面像岩画的含义一致。

（3）车辆岩画与甲骨文中的"车"字

岩画中表现的人造事物很多，有弓、箭、庐、帐、田亩等。其外形与甲骨、金文字的字多类似。

十分有意思的是，岩画中的马车与甲骨、金文中的"车"字外形亦相同。可能是由于马车的出现，使古人的生活发生了重大的变化，于是镌于岩石上。但是，早期的马车岩画并不是写实的图像，而是一幅马车运行的结构图。主辕前端为两匹马，后端有垂直的横轴，左右各画一只轮子，舆只是抽象表现，有的甚至忽略。这种双轮、单辕、有舆的车形岩画，在中国的内蒙古、宁夏、青海、新疆等地都出现过，在中亚一带也有分布。

卜辞中的"车"字，写法很多，前面我们已经举了一些例子，但都描出两轮(有辐)一轴之形。这种构字法体现出的观念与早期马车岩画相同,两者之间显然存在着源流关系。合理的解释是甲骨文和金文中的"车"字借用了马车岩画的图符[19]。

注　释

[1] 徐旭生《中国古史的传说时代》第28页,文物出版社1985年版。

[2]《中国阿尔泰山早期文化初论》第86页。

[3] 胡邦铸《库鲁克山的岩画》,《新疆艺术》1983年第1期;李扬《新疆古代岩画艺术》,《民族艺术》1989年第3期。

[4] 石钟健《悬棺葬研究》,《民族研究文集》,民族出版社1996年版。

[5] (意)阿纳蒂《世界岩画研究概况——一份送交联合国教科文组织的报告》,《外国岩画发现史》,上海人民出版社1993年版。

[6] 陈兆复、邢琏《原始艺术史》第39页,上海人民出版社1998年版。

[7] 乌恩《试论贺兰山岩画的年代》,《91'国际岩画委员会年会暨宁夏国际岩画研讨会文集》,宁夏人民出版社2000年版。

[8] 陈兆复《中国岩画发现史》第362页,上海人民出版社1991年版。

[9] 陈振忠《珠海高栏岛宝镜湾遗址1998年第一次发掘简报》待刊。

[10] 苏北海《新疆岩画》,新疆美术摄影出版社1994年版。

[11] 德尔维拉《符号的传播》。

[12] (美)威尔赖特《现实与隐喻》(中译本),《神话原型批评》,陕西师范大学出版社1987年版。

[13] 宋耀良《中国史前神格人面像岩画》第101页,上海三联书店1992年版。

[14] 高明《中国古文字学通论》第39页,文物出版社1987年版。

[15] 尤仁德《我国古代用水及其文明》,《科学与生活》1987年第3期。

[16] 同[14],第42页。

[17] 于省吾《释甲骨文中的天大类字》,《古文字学论集》(香港版)。

[18] 丁山《中国古代宗教神话考》,上海龙门联合书局1961年版。

[19] 宋耀良《中国岩画与甲骨文、金文》,《文艺理论研究》1992年第3期。

六　结束语

20世纪是中国岩画发现与研究的重要时期。虽然早在公元前3世纪《韩非子》就记载过岩画，但中国岩画科学意义上的发现和研究则始于20世纪。值此新世纪到来之际，我深切怀念那些曾对中国岩画发现与研究做出过贡献的已故学者。他们是20年代考察福建仙字潭摩崖石刻的黄仲琴，30年代首先发现香港古岩刻的陈公哲，40年代研究四川珙县悬棺葬崖画的石钟健，50年代调查广西花山崖壁画的杨成志等。

中国岩画事业的重大发展是在20世纪后半叶。据中国岩画研究中心的编目，现在发现岩画的县（旗）已达164个，发表与出版的论文与著作在一千万字以上。

回顾20世纪中国岩画的发现可看出，其系统与民族传统文化区域大体一致。根据中国岩画的内容与风格，我们将其分为北方、西南、东南三个系统。北方系统的岩画，内容以动物为主，风格较写实，技法大都是岩刻，系中国北方草原地区狩猎、游牧民族的作品。西南系统的岩画，内容以人物的活动为主，特别是宗教活动，作品技法则以红色涂绘为主。东南沿海系统的岩画，大都与古代先民们的出海活动有关，体现着中国的海洋文化。内容以抽象的图案为主，都采用岩刻的技法。这三个系统的分布范围和数量，有很大的不同。北方系统分布范围最大，数量最多。东南沿海系统的岩画在数量上虽不能与之相比，但不论是内容还是形式都能自成体系。

岩画的意义在于研究。在世界各地，从旧石器时期晚期的狩猎者到现代的部落民族，都在岩石上以岩画的形式记录着自己的活动。从这些岩画中我们可以发现早期人类的社会实践、哲学思想、宗教信仰和美学观念等方面的资料。所以，岩画又被称作史前的百科全书。只有对其研究得愈深，它的文化内涵才会被揭示得愈充分，意义也就愈大。

在岩画研究中，类型学的方法值得我们重视。考古类型学的方法曾为我国考古学界采用。岩画类型学的一系列材料说明，不同类型的岩画艺术出现于不同的时期。早期是始于旧石器时代，延续到中石器时代，属狩猎艺术；晚期是由从事复杂经济活动的人群所创造，并一直延续到有文字的历史时期。岩画中某种普遍反映的东西，必然联系着某种特定的社会经济和生活方式。这种社会经济和生活方式随着历史的进程，决定着人们的思想，随之而来的是艺术的内容与形式，而这些又都会影响到岩画类型的演变与发展。

从社会学的角度看，中国岩画可以分成五种类型，即狩猎类型岩画、畜牧类型岩画、复杂经济类型岩画、农耕类型岩画、海洋文化类型岩画。这种划分虽然仅仅是粗线条的，但却为 20 世纪和今后的岩画研究提供了一个有益的线索。

20 世纪后期，中国岩画成为世界岩画研究的一部分。这里要感谢国际岩画委员会对中国岩画的关注。从 50 年代开始，在阿尔卑斯山的南麓有一条名叫梵尔卡莫尼卡的山谷，发现了大量的古罗马时期以前的岩画。这是世界上岩画最密集的地区之一。山谷中有一个小山村名叫卡波迪蓬特，中文意为"桥头"，是卡莫诺史前研究中心的所在地，联合国教科文组织国际岩画委员会也设在这里。1986 年至 1987 年，就在这个阿尔卑斯山南麓的小山村中，我开始接触到世界岩画的研究现状。同时，完成了《中国史前岩画》一书的英文稿。我特别要感谢意大利的阿纳蒂教授，由于他的帮助与推荐，这部书稿才得以在欧洲以多种文字出版，使国外学术界更多地了解了中国岩画。90年代，宁夏银川的两次国际岩画会议，进一步将中国岩画推向了世界。

20世纪是岩画研究的一个里程碑。岩画研究现在已作为一个独立的学科跻身于学术界了。岩画学，人们可以这样称呼它，即使与史前学有着某种联系，但已不再只是考古学的一个分支了。岩画研究紧密联系着许多其他的领域，诸如艺术史家们就已在史前艺术研究方面做了大量的工作。此外，如地貌学家、宗教学家等，也都对这门学科有着浓厚的兴趣。

这门学科比我们过去想象的要复杂许多倍。它既是史前社会的百科全书，又是智力和学术的万花筒。岩画研究，对于理解人类过去和现在的意识的复杂性，必将导致解释人类社会模式的基础，以及最终触及如何与别的社会模式相连接的问题。这还需要做很多的工作，但回顾20世纪，却已描绘出了这一新学科的发展蓝图。

参 考 文 献

1. 陈兆复《中国岩画》，浙江摄影出版社 1989 年版。

2. 陈兆复《中国岩画发现史》，上海人民出版社 1991 年版。

3. 陈兆复、邢琏《外国岩画发现史》，上海人民出版社 1993 年版。

4. 陈兆复、邢琏《原始艺术史》，上海人民出版社 1998 年版。

5. 宋耀良《中国史前神格人面岩画》，三联书店 1992 年版。

6. 孙新周《中国原始艺术符号的文化破译》，中央民族大学出版社 1998 年版。

7. 纳·达楞古日布《内蒙古岩画艺术》，内蒙古文化出版社 2000 年版。

8. 盖山林《阴山岩画》，文物出版社 1986 年版。

9. 盖山林《乌兰察布岩画》，文物出版社 1989 年版。

10. 盖山林《巴丹吉林沙漠岩画》，北京图书馆出版社 1998 年版。

11. 梁振华《桌子山岩画》，文物出版社 1998 年版。

12. 许成、卫忠《贺兰山岩画》，文物出版社 1993 年版。

13. 李祥石、朱存世《贺兰山与北山岩画》，宁夏人民出版社 1993 年版。

14. 周兴华《中卫岩画》，宁夏人民出版社 1991 年版。

15. 王系松、许成、李文杰、卫忠《贺兰山岩画（拓本）》，宁夏人民出版社 1990 年版。

16. 苏北海《新疆岩画》，新疆美术出版社 1994 年版。

17. 王炳华《新疆呼图壁生殖崇拜岩画》，文物出版社 1992 年版。

18. 刘青砚、刘宏《阿尔泰岩画艺术》，山东美术出版社 1998 年版。

19. 赵养锋《中国阿尔泰山岩画》，陕西人民美术出版社 1987 年版。

20. 西藏自治区文物管理委员会《西藏岩画艺术》，四川人民出版社1994年版。

21. 李永宪《西藏原始艺术》，四川人民出版社1998年版。

22. 汪宁生《云南沧源崖画的发现与研究》，文物出版社1985年版。

23. 王良范、罗晓明《贵州岩画》，贵州人民出版社1997年版。

24. 广西少数民族社会历史调查组《花山崖壁画资料集》，广西民族出版社1963年版。

25. 覃圣敏、覃彩銮、卢敏飞、喻如玉《广西左江流域崖壁画考察与研究》，广西民族出版社1987年版。

26. 王克荣、邱仲仑、陈远璋《广西左江岩画》，文物出版社1988年版。

27. 李洪甫《太平洋岩画》，上海文化出版社1997年版。

28. 福建省华安县政协、文史资料委员会、福建省华安县文化馆编《仙字潭古文字探索》，《华安文史资料》1984年第6辑。

29. 福建省考古博物馆学会编《福建华安仙字潭摩崖石刻研究》，中央民族学院出版社1990年版。

30. 秦维廉（W. Meacham）《香港古石刻——起源及意义》，香港基督教中国宗教文化研究社1976年版。

31. 高业荣《万山岩雕》，台湾东益出版社1991年版。

图书在版编目（CIP）数据

古代岩画/陈兆复著. —北京：文物出版社，2002.2
（2023.9重印）
（20世纪中国文物考古发现与研究丛书）
ISBN 978-7-5010-1267-1

Ⅰ.古… Ⅱ.陈… Ⅲ.岩画学-中国 Ⅳ.K879.42

中国版本图书馆CIP数据核字（2001）第25744号

20世纪中国文物考古发现与研究丛书

古代岩画

著　　者　陈兆复

封面设计　张希广
责任印制　王　芳
责任编辑　王　戈
出版发行　文物出版社
社　　址　北京市东城区东直门内北小街2号楼
网　　址　http://www.wenwu.com
经　　销　新华书店
印　　刷　文物出版社印刷厂有限公司
开　　本　850mm×1168mm　　1/32
印　　张　8.625
版　　次　2002年2月第一版
印　　次　2023年9月第四次印刷
书　　号　ISBN 978-7-5010-1267-1
定　　价　40.00元